中国传媒大学外国语言文学学科项目资助

教育部人文社科一般项目（编号：15YJA740051）资助

А. И. ГЕРЦЕН

С ТОГО БЕРЕГА

彼岸之声

［俄］亚·伊·赫尔岑　著

凡保轩　译

黑龙江人民出版社

图书在版编目（CIP）数据

彼岸之声/（俄罗斯）赫尔岑著；凡保轩译.—哈
尔滨:黑龙江人民出版社,2015.10（2021.3 重印）
ISBN 978－7－207－10493－9

Ⅰ.①彼… Ⅱ.①赫… ②凡… Ⅲ.①法国大革命—
文集②社会运动—欧洲—文集 Ⅳ.①K565.41－53
②D750.5－53

中国版本图书馆 CIP 数据核字（2015）第 254505 号

责任编辑：张晔明 张婷婷
装帧设计：张 涛 李德铖

彼 岸 之 声
Bi´an Zhisheng

［俄］ 亚·伊·赫尔岑 著
凡保轩 译

出版发行 黑龙江人民出版社
通讯地址 哈尔滨市南岗区宣庆小区 1 号楼
邮 编 150008
网 址 www. longpress. com
电子邮箱 hljrmcbs@ yeah. net
印 刷 三河市华东印刷有限公司
开 本 880 毫米×1230 毫米 1/32
印 张 7.5
字 数 180 千
版 次 2015 年 10 月第 1 版 2021 年 3 月第 2 次印刷
书 号 ISBN 978－7－207－10493－9
定 价 26.00 元

网络出版支持单位：东北网络台（www. dbw. cn）
本社常年法律顾问：北京市大成律师事务所哈尔滨分所律师赵学利、赵景波
（如发现本书有印制质量问题，印刷厂负责调换）

目　　录

致我的儿子亚历山大

萨沙,我的朋友:

我将这部书送给你,因为我还从未写过更好的作品,而且,可能也写不出更好的作品了;因为我喜爱这本书,视之为我战斗生涯的纪念碑——战斗中我牺牲了很多,却没有牺牲求知的勇气。最后,也是因为,把这份抗议书交付你年少的双手我问心无愧:有些地方是粗粝的,然而这是一个人格独立者的抗议,声讨的是奴性十足、谎话连篇的陈腐观念和荒谬偶像。这些偶像属于另一个时代,毫无意义,却在我们中间苟延残喘,不断地妨碍这个,阻吓那个。

我不想欺骗你。去探知真理吧,就像我一样。但愿你不必经受谬误之苦,不必饱尝失望之痛,而仅仅是通过继承之权就能取得这个真理。

你的生活将面临新问题、新冲突……绝不会缺乏苦痛和艰辛。你才十五岁,却已经承受了可怕的打击。

不要试图从这本书里寻找解决之道,书里没有。现代人也根本就没有什么解决之道。那已经解决了的,也就是终结了,而未来的变革才刚刚开始。

我们不是在建设,而是在破坏;我们不是在宣告新的发现,而是在清除旧的谎言。现代人,可悲的献身者,只是在搭桥,而陌生的、未来的他者将跨过这座桥梁。或许,你能看见他……不要在旧世界的岸边滞留……宁可随之毁灭,也比在反动收容所中苟活强。[1]

未来社会重建的宗教——这就是我遗赠予你的宗教。此教不信奉天堂,不信奉复活,而只信奉自身的觉醒、只信奉良知……到时候你去吧,回家去传播她的福音。那里曾经有人喜爱我的语言,也许还会有人记得我。

……祝福你走上这条道路,去追求人类的理智、个人自由和友爱吧!

你的父亲
退肯厄姆,1855 年 1 月 1 日

引　言

«Vom andern Ufer»①是我在西方出版的第一本书。编入其中的系列文章是 1848 年和 1849 年用俄语写就的。我本人向青年文学家弗·卡普口授了德文本。

如今，书中很多东西都已经不新鲜了。恐怖的五年让此岸最顽固、最死不改悔的叛逆们也学到了些什么。1850 年初我的书在德国激起了许多议论，有赞誉，也有无情的驳斥。尤利乌斯·福禄贝尔、雅科比、法里梅列耶尔②等人的评论较多肯定，与此同时，一批天才而忠诚之士则怒加挞伐。

他们指责我散布失望情绪，不熟悉人民，对革命又爱又恨，不尊重民主、民众、欧洲……

12 月 2 日比我更有力地回答了他们。[1]

1852 年，我在伦敦遇到最敏锐的对手佐尔格。他在打点行装，准备尽快前往美洲，因为在欧洲他觉得简直无事可做。"看起来"，我向他指出，"时局让您相信我并非一派胡言了？""无须那么多，早就足以让我幡然醒悟了，"佐尔格回答，"当时我写的简直是一派

---

① 德语，意为"来自彼岸"，即本书书名，这里译作"彼岸之声"。——译注
② 尤利乌斯·福禄贝尔(Fröbel Julius)，德国政论家，参加过 1848—1849 年革命；雅科比(Johann Jacoby)，德国民主派政治活动家；法里梅列耶尔(Jakob Philipp Fallmerayer)，德国历史学家，旅行家。——译注

胡言。"

尽管诚恳认错,但他的总体判断、观感多半与我相左。或许这是一种躁动情绪的流露?感觉危险迫近,恐惧未来,试图掩饰自己的虚弱,以及无奈而死气沉沉的暮年,焦虑不安自是在所难免。

……俄罗斯人命运奇特:他们会比邻居看得远,目光更沉郁,而且总是勇于表达——这就是俄罗斯人,米什莱所谓"沉默"的一群。[2]

在我之前,一位同胞早就写道:

"有谁比我们民族更多地赞美过 18 世纪的成就、哲学的光辉、宽容的风气、社会责任意识的广泛传播、各民族亲密无间的联系、温和的统治?……尽管在人类的地平线上尚有乌云,但是金色的希望之光已经辉映天际……我们把本世纪的结束视为人类最沉重灾祸的终结,并且以为,随后将是理论与实践、思辨与行动的统一……现在这令人倍感慰藉的体系在哪里?它被连根摧毁了。18 世纪行将结束,不幸的慈善家在忙着为自己掘得一尺墓穴,好带着一颗饱受欺骗、煎熬的心灵躺进去,永闭双目。

有谁曾经能够思索、期待、预见未来?那些我们喜爱过的人现在何处?科学和智慧的成果现在何处?启蒙时代,我认不出你来了,在血泊和火海中,在杀戮和毁灭中,我再也认不出你来了。

反科学者大获全胜。'这就是你们所谓启蒙的成果,'他们说,'这就是你们所谓科学的成果。愿哲学必亡!'——于是那失去了祖国的可怜人,那失去了家园、父亲、儿子或朋友的可怜人重复说:愿之必亡!——

不可能永远是流血冲突。我相信挥剑斩杀的手将会倦怠,地球上的硫磺和硝石将枯竭,雷声必将止歇,宁静迟早会降临。可是那将是一种什么样的宁静?会是一片死寂、冰冷而阴沉吗……

在我看来,科学的没落不仅可能,甚或不可挽回、指日可待。当它们衰落之后,当它们那宏伟的大厦轰然倒塌,指路的明灯猝然熄灭之后,会是什么样?我倍感悚惧,心灵震颤不已。即便灰烬中还会留下几点火星,即便有些人能找到它们并以之照亮他们孤寂的茅舍,但世界怎么办?

我只能掩面痛惜!

难道当代人类已经达到启蒙可能的极限,只好重新陷入野蛮再一步步重新摆脱吗?就像西绪福斯的石头,一至山巅就必将在自己的重力压迫下滚落,于是那位永远疲于奔命的人只好重新奋力将之往山顶推进?多么悲哀的图景!

我现在觉得,编年史本身都在证明这个观点。亚洲古代民族和王国的名称我们所知无几,但是根据一些历史片断可以推测,那些民族并非处于野蛮状态……王国毁灭了,民族也消失了,在它们的灰烬中诞生了新的种族,而它们诞生之际一片昏暗,只偶尔有几点火星闪烁不定,于是重新走过幼年,重新学习,名播于世。或许,在埃及文明光耀世间之前,许多世代都淹没在永恒中了,白昼数次照亮了人的智慧,黑夜又数次笼罩了他们的心灵。

埃及文明与希腊文明结合了。罗马人又承袭了这伟大的文明。

而这光辉的时代之后是什么?是数个世纪的野蛮。

沉沉暗夜慢慢消退,天色慢慢放亮。终于,阳光普照大地,善良而轻率的博爱者们节节胜利,他们看到尽善尽美近在眼前,禁不住热烈欢呼:到岸了!然而突然天色转阴,于是人类的命运又笼罩在可怕的阴云之下!哦,后代!等待你们的又将是什么样的命运?

我不时忧伤不已,不时跪地祈祷,向那冥冥之神伸出双手……没有回答!我只有黯然垂首。

永远在循环,永远在重复,永远是白昼与黑夜、黑夜与白昼的无尽交替,永远是几滴幸福之泪,然后便是不绝的痛苦之泪汇成江海。

我的朋友！我，你，还有所有人为何而生？我们的先辈又为何而生？我们的后代又将为何而生？

我心灰意懒，虚弱不堪而忧郁满怀！"[3]

这些充满痛苦、火热而饱含热泪的文字写于九十年代末——作者是尼古拉·米哈伊洛维奇·卡拉姆津。

有一些话，是致远在罗斯的友人们的，曾被用作俄文稿的引言。在德文版中我认为则没有必要重复它们。如下：

别　　了

（巴黎，1849 年 3 月 1 日）

我们还将长久天各一方——或许是永远。现在我不想回去，况且也不知道有无这个可能。你们等待过，现在依然在等待我归来，我必须解释缘由。我的朋友们，如果我有责任向人解释自己的缺席，解释自己的所作所为，那当然只能是你们。

无法克制的厌恶感，还有内心那似乎在预示什么的有力声音不允许我跨入俄罗斯的疆界，尤其是现在。当此之时，那个专制政权因欧洲正在进行着的一切而惊恐万状，凶恶无比。它正挥舞着沾满波兰人民鲜血的双手，加倍残酷地镇压任何思想运动，粗暴地割断六千万人民与正追求解放运动的人类之联系，扑灭照亮少数人的最后一点微弱火光。[4] 不，我的朋友们，我不能回到这个大雾弥天、肆无忌惮的帝国，我不能踏上这个只能无声屈服、只能莫名牺牲、只能被塞住嘴巴忍受折磨的帝国。我将等待，一直等到那个政权精疲力竭，等到它因劳而无功和风起云涌的反抗削弱、衰败，不得不承认一个俄罗斯人身上某些值得尊重的东西为止！

请不要误会，在这里我得到的绝非喜悦、闲适、休息，甚至没有个人的安全可言。我也根本不知道，如今谁能在欧洲觅得喜悦和休息，能在地震之际安然入睡，在激烈的斗争中求得欢欣。我信中的每一行都只能让你们看到悲伤。这里的生活异常沉重，爱里面掺杂进了恶毒的仇恨，泪水中混入了胆汁，焦虑不安折磨着整个身心。昔日的诺言、希望一去不复返了，除了一小批人，屈指可数的几种思想、以及绝无阻止事态发展的可能外，在这里我什么都不相信。我注视着旧欧洲不可挽回地走向衰亡，却并不怜惜现存的任何东西。既不怜惜她高度的文明，也不怜惜她的制度……这个世界中没有我热爱的东西——除了她所竭力摧残的；而除了她所疯狂戕害的，我也什么都不尊重……可是我要留下来……留下接受双重的折磨，为自己的，也为她的苦难承受双重的折磨。她正飞速走向混乱和崩溃，或许，在这个进程中我也将随之毁灭。

我为什么还要留在这里？

我留在这里，因为这里有斗争；因为，尽管有鲜血和眼泪，这里还是正在解决着社会问题，因为在这里苦难虽然同样让人不可承受，却是公开的。斗争是公开的，谁也不藏头缩尾。战败者将遭到不幸，可是他们不会在战斗前即被战胜，不会在说出自己的话之前就被剥夺了说话的权利。暴行是令人发指的，但抗议的声音同样强劲有力；战士们常被送上大桡战船，[①]手脚带着锁链，可是却能仰着头，说出自由飞翔的言语。哪里的言论自由还没有消亡，哪里的事业就还没有消亡。为了这公开的斗争，为了这发表言论的权力，为了这公开性，我淹留于此。为了它我可以献出一切。为了它我可以

---

① 欧洲有把犯人流放到战船上做苦力的传统。——译注

抛弃你们,献出我的部分财富,或许,还将在饱受迫害而坚贞不屈的少数人队伍里献出生命。

为了这言论的自由我暂时割断了或最好说是削弱了与民族的血肉联系,尽管正是在这个民族中我发现了自己灵魂里诸多明澈和阴暗之处。她的歌声和语言就是我的歌声和语言,我与这个民族一直在一起。我深切同情这个民族中无产者悲惨的哭嚎,以及其盟友们绝望的搏斗。

行此决断我付出了很大代价……你们了解我的……也请相信我吧。我压抑了内心的苦痛,经历了艰苦的斗争,而后做出了决断,不是像一个激愤难忍的青年人那样,而是思考了何去何从、成败得失之后做出了决断。整整几个月我都在权衡、犹豫,并终于决定牺牲一切:

> 为了人的尊严,
>
> 为了言论自由。

我无法去考虑后果,那不是我所能掌控的,它们多半掌控在反复无常的命运手中。命运的捉弄一直都被忽略了,直到她用圆规不仅勾画出了我们的决定,也勾画出了我们的步伐。我能够把握的只是绝不俯首帖耳——于是也没有俯首帖耳。

有不服从的可能而违背自己的信念去服从,这是不道德的。于我,令人痛苦的屈从已成几乎不可能之事。我亲历了两次革命,[5]我曾经生活得太自由,我无法再让自己套上枷锁。我体验了人民的激情,我习惯了自由的言论因而不能再次封闭起来,即便是为了与你们一起承受苦难。如果仍然有共同的事业要求我抑制个人的需要,也许,我会有力量这样做。可是,此刻我们共同的事业在哪里? 在

8

故国，在你们那里没有自由人立足的土壤。今后你们或许还会召唤我？……我们要去斗争，而去沉重地受难，去面对毫无结果的沉默，去屈从，这无论如何都不行。请向我提出一切要求，可是别要求我虚伪，别逼我重新表示效忠。请尊重我内心作为一个人的自由。

个人自由是最崇高的事业，在她之上，也只有在她之上可以成长起真正的人民意志。人应该尊重自身的自由，尊重它不亚于尊重周围的他人乃至整个群体的自由。如果你们坚信这一点，你们就会同意，现在淹留于此正是我的权利，我的责任，这是我们那里个人所能进行的唯一抗议，个人需要为自己人格的尊严做出这一牺牲。设若你们把我的远走他乡称作逃跑，并且只因为你们的爱才原谅我，则这将说明，你们还没有完全自由。

我明白，可以用浪漫的爱国主义和世俗的拘束来反驳我，可是我不能承认这些陈旧的观念，我受过它们的影响，但摆脱了它们并正与之战斗。这些罗马和基督教记忆的余烬最为妨碍对自由的真正理解——健全的、明晰的、成熟的理解。幸运的是，在欧洲，理性和长期的发展部分弥补了这些荒谬的理论和法律。这里人们生活在深受两种文明滋养的土地上。[6] 他们的先辈长达两千五百年的道路不是白白走过的，许多人性的东西完成了，不依赖于外在的设施，也不依赖于正统秩序。

即使在欧洲历史上最糟糕的时期，我们也能看到对个人的某种尊重、对独立性的某种承认，有过某些对天才和创造做出让步的法律。尽管当时的德国政府卑鄙无耻，但斯宾诺莎并没有被流放，莱辛也未遭鞭打或被强征入伍。不仅仅尊重物质力量，也尊重精神力量，不自觉地承认个性——在这份尊重与承认中蕴含着欧洲生活里一个伟大的人性准则。

在欧洲从来都不认为移居国外者是罪犯，也不认为移民美洲者是叛徒。

我们没有任何相似的东西。我们这里个人总是被压制、被吞没，哪怕这个人并没有试图公开表达什么。在我们这里自由的言论总被看作是粗鲁、是别有用心——是谋反；人消失在国家里，融没于团体之中。彼得一世改革用欧洲的公文程序取代了罗斯陈旧的地主式管理，所有能够从瑞典和德国法令中照抄的东西，所有能够从荷兰城市自治政府照搬到村社独裁国家的东西全被照抄、照搬过来了；然而，那些没有写在纸上的、从精神上约束政权的东西，对个人权利、对思想、对真理权威下意识的承认则不能够照搬过来也没有照搬过来。我们的奴隶制同文明一起增强了，国家成长了，完善了，可是个人失败了；相反，国家愈是强大，个人就愈弱小。欧洲的行政与司法制度、军事和民事体制在我们这里发展成为某种丑恶的、令人绝望的专制。

假如俄罗斯不是那样幅员辽阔，假如取自异域的政权体系不是那样混乱地被设置起来又那样无序地运转着，可以毫不夸张地说，没有一个稍具个人尊严意识的人能够在俄罗斯生活下去。

政权的飞扬跋扈没有遇到丝毫的抵抗，常常肆无忌惮，其程度历史上无与伦比。保罗皇帝是其技艺娴熟的诗人，从他的故事中你们可以认识到它的手段。抛开保罗变化无常、热衷幻想的个人因素，你会发现，他绝非独一无二的怪物，他热衷的准则，不仅体现在所有君主身上，也体现在每一个省长、每一个警察分局局长、每一个地主身上。这套官阶体系设有十四个品级，而其中每一品级都沉迷于独裁。在政权的所有行为中，在上层对下层的所有态度中都能看到厚颜无耻，看到敷衍塞责而自吹自擂，看到这样令人屈辱的意识，即个人什么都得承受：三套马车、限制发放出国护照的法令[7]、工程学院里的树条抽打改造。[8] 于是在 18 世纪小俄罗斯承受了农奴制，于是最终全罗斯都相信人可以买和卖，而没有一个人去质疑，甚至那些被卖的人都没有质疑过，所有这一切的法律基础是什么。比起土耳其，比起波斯，我们的政权更加自信、更加自由，没有任何东西可以阻止它。于它，不存在任何过去，它抛弃了本民族的过去，而欧洲的过去更与它毫无关联；它不尊重民族性，不知道全人类的文明为何物，与这些只有冲突和斗争。从前，政府至少还在邻国面前感到羞愧，向它们学习，而现在它却认为自己有责任成为所有压迫者的榜样，要去进行教导了。

我们目睹了帝制最可怕的发展。我们在恐怖中成长，在秘密警察黑色羽翼的笼罩下、在它的利爪下面长大，我们在无望的压制中饱受摧残，苟且偷生。可是这样不够吧？是不是该解放自己的手脚和言论，行动起来，树立榜样？是不是该唤醒人民昏睡的意识了？然而，当呐喊和直陈其辞都未必能被听见的时候，轻声细语、漫无边际的暗示能够唤醒它吗？公开的、直接的行动是必须的，12月14日事件之所以如此强烈地震动了整个年轻的罗斯，就因为它发生在伊萨基耶夫广场。可现在，在俄罗斯，不仅广场，连著书、讲台都绝无可能。剩下的，只能是个人默默耕耘或从远方发出抗议了。

我留在这里，不仅仅因为跨过边境重新带上枷锁会让我深恶痛绝，而且更为了能够工作。在任何地方都可以游手好闲；而在这里，除了我们的事业外，我没有任何其他事情。

谁二十余年来在心里固守着一种思想，为它受难且赖之而活，为之坐牢、流放，因之而觅得一生中那些最美好的时刻、最幸福的相会，谁就绝不会放弃它，就不会让它的存在屈从于外在的需要和地理上的经纬度数。完全相反，我在这里更有益，我在这里就等于你们有免予审查的言论、自由的刊物，我是你们意外的代表者。

仅仅对于我们而言这一切才显得新奇，实质上，这没有任何不同寻常之处。在所有国家,革命之初,当思想的力量还很微弱,而物质的政权却不受约束之时,忠诚而积极的行动者就会逃离,他们自由的言辞从远方传来,而且正是这"从远方"使他们的力量和威力得以注入言语之中,因为言语后面展示的乃是他们的行动、牺牲。其言语的力量随着距离的增大而增强,正如从高塔上推下的石头滚落时力量会增大。侨居是革命正在靠近的第一个征兆。

身处国外的俄罗斯人还有另一项任务:是让欧洲真正认识罗斯的时候了。欧洲不了解我们,它只知道我们的政府,我们的正面图,除此外它一无所知。如今情势恰好利于推动这一认识。现在欧洲不再那么傲气十足,不再自闭于不屑一顾的长袍中了。自从欧洲遭受了市侩独裁和阿尔及利亚哥萨克的蹂躏,自从它自多瑙河到大西洋岸边都陷入戒严状态,自从监狱、大桡战船挤满了为信仰而受难的人们……欧洲就再没有理由傲视俄罗斯了。在战场上这个民族取得了胜利,它不得不赞赏这个民族青春的力量,那就让它更进一步去认识这个民族吧,让我们来向它讲述这个强大而令人费解的民族。这个民族悄然组织起了一个六千万人口的国家,如此强健而令人惊异地成长起来,同时,不但没有毁掉其村社制源头,而且第一个带着这个源头经历了国家发展史上的初期更迭;在蒙古敌寇和德国官僚的枷锁下,在粗野的军曹棍杖下和可耻的鞑靼长鞭下,这个民族近乎神奇地保全了自己,即使在农奴制下它也保全了自己的尊严、富有活力的智慧和丰富而狂放不羁的天性。为了回应沙皇文明化的命令,一百年后他即通过普希金的隆重登场回应了。让欧洲人认识自己的邻居吧,现在他们只是害怕她,需要让他们明白,他们害怕的是什么。

我们至今还是不可原谅地谦卑,而且仅仅意识到了自己难堪而无权的处境,却忘记了那有着无限希望和发展前景的优越之处,而

12

那才是我们民族生命的精华。坐等德国人向欧洲介绍我们[9]，岂不惭愧？

我来得及做些什么吗？……不知道，希望如此！

所以，别了，朋友们，长久地别了……伸出你们的手，也给我帮助，这两者我都需要。谁能想象，最近我们还有什么没看到过！或许，不久的将来，正如期待的那样，我们相聚的那一天就会到来，就像曾经有过的，我们会在莫斯科无所顾忌地举杯欢呼："为罗斯和神圣的自由干杯！"

心灵不愿意相信这一天遥遥无期，相逢无日的念头让它窒息。似乎我永远不会再看到这些街道了，而我曾经无数次满怀少年的理想行走其中；我也永远无法再看到那些在回忆中变得如此亲切的房屋、我们罗斯的村庄、那即使我身处意大利南方仍眷恋难舍的罗斯农民了吗？……不可能！可是，如果呢？那我将把我的祝词遗赠给我的孩子们，在客死异国之际，我仍将坚信俄罗斯民族的未来，并从我自愿放逐的远方为它祝福！

一、暴风雨之前

——甲板上的谈话[1]

> 何谓上帝、人和世界？是大奥秘吗？
> 否，然无人乐听此言，是以成秘密。[2]
>
> ——歌德①

"……您的观点充溢着勇气、力量和真理，甚至不乏幽默感，我很欣赏，然而我不能接受它。或许，这要归咎于机体和神经系统。除非您能更换血管里的血液，您是不会有追随者的。"

"极其可能。可是您开始喜欢我的观点了，您在找生理原因，还在求助于天性。"

"不过，可能并非为了获得安宁，摆脱苦恼，如歌德般，高踞俄林波斯圣山之巅，坦然俯瞰世事汹涌，无动于衷地欣赏这混乱之进程，看着它扰攘不休、欲罢不能。"

"您话中带刺，可我不是您说的这种情况。如果我曾经努力去理解生活，则我这样做并没有任何特定目的，我只是想明白些什么，想看得更远些。所听、所读到的一切都没能给出满意的回答，都没解释清楚，而相反，它们自相矛盾甚或荒谬。我没有去寻求过安慰，

---

①　题词原文为德文。——译注

也没有绝望,这是因为那时我还年轻。现在,我极其珍视任一次瞬间的慰藉,任一次短暂的欢愉,而它们却越来越少了。那时我只寻找真理,寻找力所能及的理解。我不知道是否懂得了很多,明白了很多,也不承认我的观点特别令人快慰,可是我平静多了,不再因为生活没有给予她所不能给予的而气愤难平,这就是我炼就的一切。"

"而我,就个人而言,则既不想平息怒火,也不想抑制痛苦——这也是人的权利,我不想放弃它们。我的愤怒就是我的抗议,我不想和解。"

"您也根本找不到和解的对象。您说不想抑制苦痛,这也就是说,您不想接受您自己的思想所能发现的真理——也许,它并不要求您受苦。您预先拒绝了逻辑,而只允许自己在接受还是否定后果之间选择。还记得那位终生都不承认拿破仑是皇帝的英国人吧?可这并未影响后者两次加冕。如此固守同世界的割裂状态,这不仅不合逻辑,而且是陷入了虚幻之境。人总是喜欢强烈的效果、影响,特别是悲剧性的,喜欢磨难,那很崇高,人甘愿因之遭到不幸。然而这并非全部,虚幻之上实际上是极度怯懦。请不要为我的用词生气,因为害怕认识真理,许多人宁愿受苦而不愿去弄清本质。苦痛转移着、控制着、抚慰着……是的,是的,是在抚慰着人,而主要问题是,正像所有的事务一样,它妨碍人深入地理解自己、理解生活。帕斯卡尔说过,人们打牌是为了避免独处。[3]我们不断寻找着这样那样的牌局,甚至甘愿一次次输掉,只要能够忘记真相。我们的生活就是一次次逃避自我,准确地说是我们无法摆脱良心的谴责,为此惊惧不安。人一学会站立,就会开始叫喊,以便可以听不到内心的声音。他忧伤不已,于是迫切需要摆脱;他无所事事,于是要想法消遣;因为憎恶孤独,他跟谁都交朋友;他什么都读,喜欢惹是生非,最后以草草结婚收场。这是风平浪静的港湾了,家庭里的和平与战争不会给思想留下多少位置,居家之人想得太多似乎有些不成体统,他不应如此游手好闲了。一个人如果连这种生活也过不成,他就会沉湎于一切——美酒、古钱币学、赌博、赛马、女人、吝啬、行善,他甚至会遁入神秘主义,成为耶稣会士,投入荒谬的苦行生活。然而,较之于那蛰伏心中的危险真理,这种生活于他们还是要轻松得多。我们不敢深入钻研,因为害怕看到其求索之物的荒谬,就在这种对探索的恐惧中,在这些强作的忙乱中,在这些虚假的不幸中,我们用臆想的羁绊一步步裹住自己,懵懂一生,在荒诞与琐事的烟尘中死去,至死不悟。多么奇怪,只要不涉及内在的、生命的问题,人们在所有方面都是既聪慧、敏锐,又勇敢无畏。比如,他们会把自己当作自然的旁观者,潜心研究,因为这里需要的是另一类准则、另一种方法。如此害怕真理、害怕求索岂不遗憾? 不错,许多梦想会黯然失色,我们将不是更轻松,而是更加沉重,可是反正我们也不可能更道德、更可敬、更勇敢了。假如人们能像注视自然一样互相打量,他们当会大笑着走下自己的台座和议席,把生活看得简单些,不再为生活没有执行他们高傲的命令、实现他们个人的臆想而怒不可遏。比如您,曾经期待于生活的完全不是它所给予您的,您却不去评价它所给予的,而只对它怒不可遏。这愤怒看上去不错——它带来一种锐气,让人奋勇向前,让人去行动,去斗争;可是它毕竟只是一种初级推动力。不能仅仅去愤怒,不能在哀叹失败和内心的冲突与失望中碌碌一生。您坦率地告诉我,您凭什么确信,您的要求肯定就是真理?"

"它们并非我的臆想之物,它们是在我胸中不自觉地生长出来的。其后,我对它们思索得越多,它们的公正、理性就越发明显——这就是我的证明。这绝不是什么怪胎,也不是癫狂。成千上万的人,可以说我们整整一代人几乎都在为此受磨难,不过轻重有别而已,因为环境、发展的程度各异——我要说,发展程度愈高,则受难愈多。普遍的不幸,这就是我们时代最显著的特征。难耐的苦闷压抑着现代人的心灵,他意识到精神的软弱无力,这一点让他饱受折磨,他也找不到任何值得信赖的东西,这更是让他未老先衰。我把您看作例外,此外您的淡漠也让我觉得可疑,它更像是一种冲淡了的绝望。这样的淡漠,只有那种不仅没有了希望,同时也没有了绝望的人才会拥有,这是不自然的平静。你多次重复说,自然的一切行为都是合乎真理的,那么它在如此不幸和重负中也应该是合乎真理的,这一事实的普遍性赋予了其自身某种权力。您要承认,根据您的观点实在很难反驳这一点。"

"哪里谈得上反驳,我最好的选择就是赞同你的意见。显然,你谈到的沉闷现状有权得到历史的辩护,然而它更有权找到摆脱自身的出路。磨难,痛苦,这是在召唤人投入斗争,这是生活的警报,警示我们注意危险。我们生活其中的世界正在死亡,也就是说,生活的现行形式正在死亡。对于如此老朽的躯体,任何药物都绝无回天之力。要想让后继者呼吸舒畅些,就必须将之埋葬,可是人们却千方百计企图使之痊愈,延缓它的死亡。你肯定看到过这样的情景,如果家中躺着濒死者,那浓重的忧郁,那难耐的、令人焦虑的不可知就会在家中弥漫。怀抱的希望会让无望更加强烈,所有人的神经都异常紧张,于是健康人也病了,生活停滞了。病人的死亡会让生者松一口气,他们会流泪,然而那致命的等待消失了。不幸就在眼前,一清二楚,无可挽回,斩断了一切希望,于是生活开始医治一切,寻找抚慰,新的循环也就开始了。我们生活在漫长而艰难的垂死挣扎时期,这一点足以解释我们的苦恼了。更何况,前几个世纪特别培育起了我们忧郁而病态苦闷的个性。三百年前所有简单、健康、鲜活的东西都还备受压制,思想才刚刚开始敢于发出自己的声音,它的境况就像中世纪的犹太人，必须狡猾，表现得温良驯顺，谨小慎微。我们的智慧正是在这样的影响下形成的。它长大了，在这病态的氛围内部发育成熟，自然而然地从天主教神秘主义转向唯心主义，并保留了对一切自然之物的恐惧，继续谴责受到蒙蔽的良知，追求那些虚无缥缈的幸福。它与生活依旧是对立的，在浪漫主义的忧郁中，它把自己培育成苦难而与世隔绝之物。自幼被恐吓的我们，是否真的早已不再拒绝那些最无辜的冲动？当我们在自己内心发现那些没有被列入浪漫主义名册的激情时，我们是否早已不再惊悚战栗？你方才说过，折磨你的需要是自然而然发展起来的，这既对又不对——一切都是自然的，饮食糟糕、气候恶劣的话，淋巴结结核就会很自然地长出来，但我们仍然视之为躯体的某种异物。教育对付我们，正如汉尼拔的父亲对付自己儿子那样，它让我们在认识之前就立下了约言，[4] 为我们套上了精神枷锁。我们却认为这东西是必需的，因为那些假仁假义迷惑了我们，因为我们很难摆脱过早被嫁接的东西，最终也懒得去探明究竟。在我们具备理解能力之前，教育先行欺骗了我们，让孩子相信了那些不可能之物，割断了他们与对象间自由的、真实的联系。成长中我们发现，思想也好，日常生活也好，一切都并非那么井井有条；我们被灌输说可资依赖的东西实际上腐朽而脆弱，而那些被警告说赛过毒药的东西却恰恰有益健康。我们饱受摧残，备受愚弄，习惯了服从权威和指示，只是随着年齿渐长，我们才开始挣脱出来，每个人都凭借自身的力量寻求真理，一路上不断冲突、犯错。因为急切地要知道真相，我们在门外侧耳倾听，竭力透过门缝观望。我们蒙昧而装腔作势，以至于把真理当作谬误，把蔑视谎言当作了粗鲁。我们既不能理顺内在的生活，也不善于安排外在的生活，然而我们却不乏额外的要求，也不吝抛弃更多的东西。我们鄙夷那可能的，又因为被那不可能的东西鄙视而怒火中烧;我们怒视自然的生活条件,却屈从于一堆胡言乱语。难道能说这是智慧吗? 我们的全部文明就是这样:她是在精神的内斗中成长起来的;挣脱教派和修道院之后,她不是走向了生活,而是一掠而过,正如浮士德,看一看,反省反省,然后就远远离开那些粗陋的大众,远遁于客厅、科学院和书本之中。她一路高举着两面旗帜:一面旗帜上写着'心灵的浪漫主义',另一面则是'智慧的唯心主义',我们生活的杂乱无章皆源于此。我们不爱简洁明了之物,我们的传统不是敬重自然,而是企图掌控它。我们企图用咒语医治病人,病人没有好转,于是我们就会惊讶万分。物理学的独立性让我们觉得受到了侮辱,我们想要的是炼金术,是魔法。然而生活与自然无动于衷地走着自己的道路,只有当人学着用它们的方式来行动时,才会顺从于人。"

"看来您把我当成德国诗人了,况且还是上世纪的诗人,他们恼恨自己竟还有一副躯壳,还要吃饭;他们寻找非人间的女郎,寻找'别样的自然、另一个太阳'[5]。可我既不想要魔法,也不想要那些神秘的宗教仪式,而只想摆脱那种精神状态——这种状态在你身上显然更强十倍——只想摆脱精神的虚弱无力状态,摆脱不可侵犯的可悲信念,摆脱混乱。在这种状态下,我们已经分不清谁是敌人、谁是朋友了。不论我转向哪里,看见的不是被虐者,就是施虐者,这让我厌恶。需要多大的魔力,才可以让人们明白,他们活得这么糟全是自己的过错? 比如,如何才能跟人们解释清楚,不应当抢劫赤贫的人,在饿得奄奄一息的人旁边大吃大喝是可恶的;而杀人,无论是暗夜之中在大道上秘密截杀,还是光天化日之下在锣鼓喧天的广场上公然屠杀,都是丑恶之极的;还有,言行不一是可耻的……一句话,你简直无法让人们明白那些新真理,而自希腊七圣以来[6]这些真理一直有人在谈论、在重复,为之著书立说——而且,我相信,那些真理即使在希腊圣贤时代也已经很古老了。道德家们、教士们在圣坛上喋喋不休，诠释道德、罪过，宣读福音，又宣读卢梭——谁也不反对，可是谁也不身体力行。"

"说实话，这没有什么好遗憾的。所有这些说教、布道之词多为荒谬，也根本执行不了，比日常生活更加混乱。不幸的是，思想总是远远地跑在前面，人民跟不上导师们的步伐。就拿我们的时代来说，一些人触及了革命，然而，这一革命无论他们自己还是人民都无力完成。先行者以为，只要振臂高呼：'离开床榻，跟我们走'，一切就会动起来了。他们没有发现自己身后其实空无一人，而只顾统领着虚拟的队伍，大步向前。终于他们恍然惊醒，于是开始向落后者呼喊，挥手召唤他们，厉声责难他们——然而为时已晚，相距太远了，声音传不到那里，况且他们所讲的也不是民众所说的语言。我们生活的世界年迈昏聩，腐朽贫弱，它显然无力登上自己向往的高峰，也根本就无所作为，承认这一点让我们倍感痛苦。我们怜惜旧世界，我们习惯了它，就像习惯了父母的宅邸，我们在竭力毁掉它的同时又维护它，于是就把它那根本不相宜的形式强加给了自己的信念，却没有发现，这些信念的第一个艾欧塔①就是要宣告旧世界的死刑。我们穿的衣服不是按我们的尺寸，而是按祖辈的尺寸裁剪的；我们的脑袋是在前代环境的影响下成熟的，胜任不了太多的事情，所见所闻多得自于一个错误的角度。人们历尽艰辛才获得了现代生活方式，在封建主义的疯狂和沉重的压抑折磨之后，这种生活在人们看来是如此幸福、安逸，人们害怕改变它。人在这种生活形式中发福了，住惯了，习惯又成为依恋，于是视野收缩了……思考的范围狭隘了，意志衰颓了。"

---

① 希腊字母 I 的名称。——译注

"美妙的图景！只是请允许我补充一条:在这些适应现代秩序、心满意足的人身旁,一边是贫困、未真正开化的人民,愚昧、落后而饥肠辘辘,他们在为生存做无望的斗争,拼命工作,却食不果腹;另一边则是不经意间遥遥领先的我们。我们是土地测量员,竖起了新世界的地标,却甚至从未看到过打好的地基。所有的期望,全部的生命,一切都流逝了(又是怎样流逝的啊!),如果说还有什么东西保留下来的话,那就是对未来的信心。我们为未来的大厦腾出了位置,我们死后很久很久的某个时候,它会落成,宽敞而舒适——他人将安居其中。"

"然而,没有理由认为,新世界将按照我们的计划建成……"

……年轻人不满地动了动脑袋,看了一会儿海——海上依旧风平浪静,浓厚的乌云在头上近乎凝固,而且如此低沉,轮船的烟尘弥漫开来就与之混成一体了。海黑沉沉的,空气混浊不堪。

"您对我,"他沉吟了一下说,"就像强盗对旅客所做的那样,抢走了我的一切,却依旧嫌少,您不放过我御寒的最后一件破衣烂衫,把我从头到脚剥个精光。您迫使我怀疑很多东西,我只剩下未来了,您却又剥夺了它。您把我的希望洗劫一空,您像麦克白一样,杀死了梦境。"[7]

"而我却觉得自己更像一个外科医生,在割除腐肉。"

"似乎更贴切,外科医生割掉身体的病变部位,可是并不用健康的取而代之。"

"然而会一路救死扶伤,让人从痼疾中解脱出来。"

"我们知道您所谓的解放。您打开监狱的大门,试图把囚犯推向原野,并让他相信,他自由了;您毁掉了巴士底狱,却不推出任何东西取而代之,只留下空空荡荡的土地。"

"真能如您所言,那简直太好了。不幸的是处处有废墟、垃圾妨碍，让人举步维艰。"

"妨碍什么？我们的使命到底在哪里？我们的旗帜在哪里？我们信仰什么，又不信仰什么？"

"我们信仰一切，就是不信自己。您寻求的是找到一面旗帜，而我寻求的是丢弃它；您渴望得到指示，而我觉得，到了一定年龄依旧被人指使着去读书是一种耻辱。您刚刚说过，我们竖起了新世界的地标……"

"这些地标将被否定和分析的习气连根拔起。您看待世界的阴沉态度是我无法相比的，您平静下来只是为了更加可怕地揭示时世之沉重。如果连未来也不是我们的，那我们的全部文明就是一个谎言，就是二八少女的幻想，她自己到二十五六岁年纪时都会嘲笑这个幻想——这一切都是无稽之谈，我们的努力是可笑的，我们的希望与那位多瑙河农夫的期待无异。[8]不过，或许您想要说的正是让我们抛弃文明，拒绝文明，回归蛮荒吧？"

"不，拒绝发展是不可能的。怎能做到让我不知道我所知道的？我们的文明是现代生活绽放的最美花朵，谁又会放弃自己的发展？可是这与实现我们的理想有何关系？为什么未来必须演绎我们想象出来的计划呢？"

"这么说来，我们的思想引导我们走向了那些不可实现的希望，走向了荒谬的理想。带着它们，就像带着我们最后的劳动成果，我们乘船前行，却遭遇风浪，于是船要沉了。未来不是我们的，现实也不干我们的事，却又避无可避，我们同这条船生死相连，能做的却只是束手待毙，等待海水灌进来的那一刻。谁要是觉得无聊，谁要是更勇敢些，他完全可以纵身入水。

世界在倾覆，

恰如一艘破船在怒海沉浮,

正被深渊吞没——

让我们泅水逃生,尚或有救!①⁹

"我也根本不祈求更好的结果了,只是泅水逃生与投水自杀之间是有区别的。您这首歌提到的青年人们的命运是可怕的,他们是非常的受难者,是没有信仰的蒙难者。就让他们的死亡震动他们生活其中的环境吧,揭露它,使之蒙羞。但谁告诉过您,没有别的出路、别的途径来挣脱这老迈濒死的世界,而只有死路一条? 您这是在辱没生活。抛弃您所不属于的那个世界吧,如果您的确感觉自己与之格格不入的话。我们不用去拯救他,而要把自己从危机重重的废墟中解救出来,而在拯救自己的同时,您就拯救了未来。您同这个世界有何共同之处? 这个世界的文明吗? 可是文明现在属于您,而不是这个世界。这个世界培育了文明,或者最好说文明培育于这个世界之中,世界甚至在文明的理解上也是无辜的。这个世界的生活方式让您憎恨,而且,说真的,的确很难喜欢如此荒谬的世界。您的苦难这个世界根本就没有料到,您的喜悦他则茫然不识。您还年轻,而他老了。您瞧瞧,他那套在贵族宫廷破旧内侍制服中的身躯瘦骨嶙峋,特别是在 1830 年之后,他的面色黯淡无光,灰暗如土。这是希波克拉底之脸,据此大夫们可以判断,死神已经举起了镰刀。这个世界有时徒劳地想用力重新抓住生活、控制生活,摆脱疾病的折磨,重享生活的欢欣,却做不到,陷入了沉重的、热病般的半睡半醒状态。人们在谈论法朗吉、民主、社会主义,他在听,却什么也听不懂——有时这些话会让他面露微笑,他会一边摇头一边回忆起他

---

① 原文为法文。——译注

自己曾几何时信仰过的理想;然而后来他变得理性了,早就不再信仰了……因此无论对共产主义者还是耶稣会士,牧师还是雅各宾分子,罗特希尔德兄弟还是饥寒交迫的人们,他统统处之以老年人的熟视无睹,同时手中死死攥住一些法郎,为这些法郎他可以去死或成为杀人凶手。就让这位老人在养老院安度天年好了,您对他无计可施。"

"这并不容易,更不用说让人厌恶了——往哪逃?这全新的、完备的宾夕法尼亚在哪里?"

"用新砖去建旧房吗?威廉·佩恩①把旧世界载到了一片全新的土地上,北美无非旧文本的修正版,别无新意。而罗马的基督徒则不再是罗马人了——这种内在的脱离更加有益。"

"专注于沉思,剪断把我们与祖国、现代联系起来的脐带,这一思想流传很久了,但却没有实现。每次失败之后,每次丧失信仰之后,人们都会产生这一思想,神秘主义者和共济会会员、哲人们和光照派均依赖它。他们全都指出过需要内在的脱离,可是谁也没有做到。卢梭吗?他避世远遁,只是因为深爱这世界;他退隐山林,只是因为他离不开这世界。他的门徒们在国民公会中延续了他的生命10,他们斗争,受难,处决别人,也把自己的头颅抛在了断头台上,但是他们既没有离开法兰西,也没有离开沸腾的现实斗争。"

"他们的时代与我们的毫无共同之处,他们的前方充满希望。卢梭和他的门徒设想,如果他们的博爱思想实现不了,那是因为物质障碍——不是言论受到了束缚,就是行动不自由——于是他们挺身反抗所有阻碍其思想实现的东西,这完全合乎逻辑。任务可怕而艰巨,但是他们胜利了。胜利后,他们想,那么现在……然而'现

---

① 威廉·佩恩(William Penn,1644—1718),宾夕法尼亚英属殖民地的创始人,北美英属殖民地统一的早期支持者之一。——译注

在'他们被推上了断头台。这恰是他们最好的结局:他们怀抱坚定的信仰死去了,在战斗、努力、陶醉中被巨浪卷走了,致死坚信,当一切归于平静之时,他们的理想就会实现;尽管没有了他们,但理想却定将实现。这个风平浪静的日子终于来临了,这些献身者也早就被埋葬了,他们是多么幸运啊!否则他们将不得不面对,他们的事业没有推进半步,他们的理想依旧是理想;他们将不得不承认,欲使囚犯成为自由的人,拆掉巴士底狱的石墙还远远不够。您把我们同他们相比,却忘了,我们知道他们死后五十年间的事情。我们是见证人,见证了所有理论上睿智的期望被嘲弄,见证了历史的邪恶之源如何肆意嘲弄他们的科学、思想、理论,见证了这一邪恶之源如何把共和国变成了拿破仑,把 1830 年革命变成了交易所的繁荣。[11]作为全部过去的见证人,我们不可能再拥有前辈的希望。更加深入地研究了革命问题之后,我们现在要求的比他们曾经要求的更多更广,而他们的要求则与从前一样,依旧是空中楼阁。一方面,你会发现他们思想上的逻辑连贯性及其成就,另一方面,则是其思想对世界全然无能为力的事实——世界又聋又哑,无力按照救赎思想所要求的那样去掌握它、实现它。不是因为救赎思想本身表述的太糟糕,就是因为它只具有理论的、书面的意义,正如从未走出少数教养有素者小圈子的罗马哲学。"

"然而您觉得到底谁正确呢?是理论思想?它千真万确就是如此历史地、但又是自觉地发展起来并形成的。或者是当代世界的事实?它否定上述的思想,却又与之一样,是过去的必然结果。"

"二者都完全正确。这种紊乱源于,生活有自己的胚芽,与纯理性的辩证法不一致。我提及了古代世界,这就给您举个例子:古代世界没有实现柏拉图的共和国和亚里士多德的政治学,而是建立了罗马共和国,又实现了其占领者的政策;它也没实现西塞罗与塞内加的乌托邦,而是实现了伦巴第人的伯爵封地制度和日耳曼法。

　　"您要预言我们的文明也将遭遇罗马式的灭亡吧?真是令人倍感安慰的思想,美妙的前景……"

　　"前景既不美妙,也不糟糕。世上一切都是暂时的,这一思想众所周知,为何竟会让您惊讶?不过,只要人类种族还在继续生存,没有彻底中断,文明就不会灭亡——人有着良好的记忆。难道罗马文明于我们而言不是还存在着吗?它正与我们的文明一样,远远延伸到了其所处的生活环境之外。正因为此,它一方面如此繁荣昌盛,光辉灿烂,另一方面却不能真正地实现。它把自己的因素带到了现代世界,它带给了我们很多东西,但罗马最切近的未来则是在别的牧场上发芽生长的——在受迫害的基督徒藏身的地下走廊里,在野蛮的日耳曼人游牧的森林之中。"

　　"在自然中一切都是目的明确,而文明,这高级力量,这时代的王冠,本源于其中,却是漫无目的,逐渐脱离现实并最终消逝,身后只留下一些不完整的回忆。何以如此?那时人类会倒退,拥向一边,于是又重新开始生长,以再次绽开那多瓣的花朵并就此完结——因为花朵虽繁盛,却丧失了结籽之能力……您的历史哲学中有某种让心灵纷扰难安的东西——为什么要做这些努力?各民族的生活成为徒劳的游戏,人们搬沙运石,垒筑不停,而一切都会毁于一旦,轰然倒地,于是人们挣扎着从废墟中爬出来,开始重新清理地面,用苔藓、木板和倒掉的柱头重新搭造茅屋,用数个世纪的漫长劳动换来再度倒塌的命运。难怪莎士比亚称历史是傻瓜讲述的乏味故事。"[12]

　　"这是您的感伤之见。您就像那些僧侣,他们相遇时,除了阴沉的'请牢记死亡'之外,再也找不到更好的话告诉对方了;或者说,您像那些多愁善感的人,他们一想起'人生来就是为了死'就会泪流不止。只看结局，而不看进程本身，这是重大的错误。既然植物会毫无意义的逝去，它何以需要那鲜艳华丽的花朵、醉人的芳香？然而自然毫不吝啬，也不蔑视过客和现存之物，它时时处处都竭力为所能为之事，达到极致，获取充足的芳香、愉悦、思想……直至同时触及发展的极限和死亡。死亡遏止、抑制了过于诗意的幻想及其激烈的创造。花儿可能朝放暮谢，自然并没有赋予玫瑰、百合以燧石般的坚固，然而谁会为此怒斥自然呢？我们却试图把这种简陋而平庸的观点应用于历史！谁让文明画地为牢了？它的围墙在哪里？它没有止境，与思想、艺术一样，它描绘着生活的典范，渴望实现自身风习的荣光，但是生活并没有义务去实现它的幻想和思想。况且假如实现了这一点，那也不过是一种东西的改良版本而已，而生活则喜欢新事物。罗马文明远比野蛮人的社会高级、人道，然而在后者的不和谐中出现了某些方面发展的萌芽，这些方面是罗马文明中根本没有的。于是野蛮胜利了，无论所谓国民法典，还是罗马哲人们的睿智之论都无济于事。自然会收获欣喜并追求最好的，也并不想侮辱现存之物。在其活力尚存、而新事物还在成长之时，现存之物尽可活下去。这就是为什么自然的作品很难排成一条直线，自然痛恨编队前进，它总是向四方拓展，并且从来也不按正确的队列步调行进。野蛮的日耳曼人天真素朴，在潜力上反而高于教养有素的罗马人。"

"我开始怀疑，您是在等野蛮人的入侵和民族的迁徙吧。"

"我不喜欢猜测。没有现成的未来，它是由成千上万种必然与偶然条件综合形成的，其中包括人的意志——它赋予未来意料不到的戏剧结局和舞台效果。历史是即兴之作，罕有重复，它会利用任何偶然因素，同时叩响千万座大门……而哪些会豁然洞开……谁知道呢？"

——或许,也包括波罗的海的大门吧——那样俄罗斯不就可以冲向欧洲了?

——有可能。

——瞧,我们老是在自作聪明,却又回到了那个松鼠轮子,回到了维柯老头所谓上升与下降的循环。[13]我们又回到了瑞亚的悲剧,她在可怕的痛苦中不停地生儿育女,而他们却被萨图恩一个个吞掉。务实的话,瑞亚就不会再用石头换掉婴儿,根本不值得费力,新生儿中既无朱庇特,亦无玛尔斯……[14]这一切目的何在? 您绕过了这个问题,没有解答它。设若终为生父所食,孩子们值得降生吗? 总之值得受熬煎吗?

"怎么不值得! 况且代价又不是您来付。您困惑不已的是,并非所有的游戏都能玩到底,可是没有这一点它们就会枯燥透顶。歌德早就阐明过,美丽易逝,因为只有易逝之物才能是美的——这话很不中听。[15]人有一种本能的偏好,即企图保全喜爱的一切;出生了,便希望永生;爱上了,便希望终生能如祖露心曲的时刻那样去爱并被爱。一旦发现五十岁时情感不如二十岁时那般纯真、动人,他就会指责生活。但是这种凝滞不动与生活的精神相悖,生活无意顺应任何私人的、个体的因素。生活总是整个地呈现在当下,尽可能地赐予人们攫取愉悦的能力,却并不为生命和愉悦作保,不为它们的延续负责。万物运动无休无止,变化更替无处不在,自然因此才得以生生不息,青春永驻。是以每一个历史瞬间都是自足而完满的,正如年年都有春夏秋冬,有时风雨交加,有时艳阳高照。是以每一个时期都是崭新而鲜活的,充满着自己的希望,乐享自身的福祉或承受灾难,现实正是属于时代自身。然而人心不足,人们企图让未来也成为他们的。"

"令人痛苦的是,人即使在未来也找不到自己渴盼的码头。他焦虑不安地看着眼前无尽的道路,却发现,即使在一千年、两千年的不懈努力之后,目标依旧遥不可及。"

"然而歌手所唱之歌,其目的何在? ……不过是乐音,乐音从她的胸膛发出,一旦响起,即时消散。如果您除了藉之愉悦外,竟要寻求些别的,期待别种目的,您能等到的是,歌手停止歌唱后,您留下的回忆会加上懊悔,懊悔自己除了聆听之外还期待着什么……您会被一些控制生活的恶劣范畴迷惑。您认真想一想:这个目的是什么——是一个计划还是一道命令? 谁制定的? 又向谁宣布了? 它是否一种责任? 如果答案是肯定的,那么我们究竟是玩偶还是人? 是精神上自由的存在还是车轮? 于我而言,把生活,继而也把历史视作已达到的目标,要比视之为达到目的的手段更容易。"

"简而言之,自然和历史的目的就是您和我了? ……"

"部分上是,还要包括一切现存之物。一切都包括在内:所有昔日努力的遗产,未来一切的胚芽,演员的灵感,以及公民的力量,还有少年的欣悦——他当下可能正在某处悄然前往隐秘的凉亭,幽会等候在那里的女友,姑娘则羞怯而全身心地投入到此情此景,既不考虑未来,也不考虑目的……还有月光下快乐游动的鱼儿……以及全太阳系的和音……一句话,正像在封建爵位后附上的一大串尊号一样,我也能大胆地注上一连串'等等……等等'……"

"您关于自然的意见完全正确,然而我觉得您忘记了,有一条红线贯穿在历史的全部变幻和混乱之中,将之连接成一个整体。这条线就是进步,或者,您也许也不同意进步之说?"

"进步是自觉发展不可分割的本质,而这一发展并未中断过。这是社会生活促成的人类积极记忆和生理的完善。"

"难道您看不到其中的目的性吗?"

"完全相反,我看到的是其后果。如果进步是目的,那么我们又是为谁而劳作？这个莫洛赫①是谁？劳动者努力靠近他，他却不给予奖赏，而是随之不断后退。民众向之高呼：'死刑犯们向你致敬'②¹⁶，而为了安慰这些精疲力竭、注定灭亡的民众，他仅仅报以一丝苦涩的讥笑，敷衍说他们死后地上一切都会变得美好起来的。难道您也要让现代人必遭女像柱的可悲命运吗？它们支撑起凉台，只为不知什么时候将会有他人在上面翩翩起舞……或者说让现代人必作一群不幸的劳动者，身陷齐膝的污秽之中，拖拽着运载神秘金羊毛的驳船，仅在旗帜上标上一行谦恭的题词：'进步在于未来'？疲惫不堪的人们不断倒毙中途，另一些生机勃勃的人接过了绳索，然而道路，就像您自己说的，仍与开始时一样没有尽头，因为进步无止境。只此一点就足当让人警觉；无限远的目的不是目的，而是，如果您愿意，可称之为诡计。目的应该近一些，至少应是薪酬或者劳动中的愉悦。每个时期、每一代、每一种生活都曾经或正在拥有自己的全部，一路上会兴起新的要求、试验、手段，一些能力依靠另一些能力完善起来，最后大脑物质本身也在不断完善……您笑什么？是的，是的，脑素在完善……于你们这些理想主义者而言，所有自然的存在都是那么尖锐、露骨，让人吃惊，正如某个时期骑士们同样无比惊讶：农奴竟然也想要人权！歌德在意大利比较了古代公牛和现代公牛的颅骨，发现现代公牛的骨头较薄，而大脑中较大半球的颅腔更大些。显然，古代公牛更强壮，而现代公牛则是在驯从人类的习性中得以发展的。您凭什么认为人比公牛更不善于发展呢？正如您所认为的，这类种属的成长不是目的，而是代代相承、种族绵延的特性所在。每一代的目的都是其自身。自然不仅从来不把各个

---

① 古代腓尼基人所信奉的太阳、火、战神。祭莫洛赫神时以儿童为祭品。——译注

② 原文为拉丁文。——译注

世代当作达到未来的手段,她根本就不关心未来。她就像克娄巴特拉,可以把珍珠溶解在酒中,只要在当下能够开心;她体内跳动的,是印度流浪舞女和酒神节女祭司的心灵。"

"她也很可怜,不能实现自己的天赋!她是吃病号饭的女祭司,服丧的舞女!……在当代,说实话,她更像忏悔的马大拉。或者,就是脑袋偏离了正道。"

"您不是在讥嘲,您之所言比您所认为的有道理得多。片面的发展总会导致被遗忘的其他方面发育不足。心理方面过于发达的孩子体格发育不好,身体虚弱;数个世纪以来我们一直过着扭曲的生活,向自己灌输唯心主义,让自己习惯矫揉造作的生活,因而破坏了平衡。我们曾经强大、有力,甚至陶醉于异化,陶醉于理论世界,而现在我们跨过了这个阶段,于是这种异化就是我们不可忍受的了;同时,脱离实际环境也就显得极其可怕。然而,无论从哪一方面看,却又无人对此负有过错。自然鼓足了劲儿,以期在人类身上超越兽类的局限,而人类实现了超越,甚至一只脚都完全跨出了自然生活——他做到这一点是因为他是自由的。我们喋喋不休于自由,为之骄傲,同时却又抱怨无人拉着我们的手引领前行,抱怨我们会犯错误且要承担自己行为的后果。我想重复您的话,人的大脑偏向了唯心主义,人们开始觉察到这一点,正朝着另一个方向前进,他们将摆脱唯心主义,正如也曾摆脱过别的历史疾患——比如骑士精神、天主教、新教……"

"不过您得同意,这种通过疾病和偏离获得发展的道路非常奇怪。"

"然而须知道路本就是未定的……自然用最普遍的准则略略暗示出自己的前景,而让人类、环境、气候、无数的矛盾来自行决定具体进程。斗争,自然力量和意志力量的相互作用赋予每一个历史时期以充分意义,而意志的结果是难以预知的。假如人径直走向某个结果,那么就不会有历史了,有的只是逻辑,人类就会跟动物一样,作为成品止步于天真的既定状态。这比人的现存状态更糟。所幸这一切皆不可能,亦无必要。动物的机体在慢慢发展自己的本能,在人类身上发展则走得更远……理智逐步培植起来,艰难而缓慢——因为自然内外本都没有它,必须努力去获取;也只能借之以理顺生活,因为没有剧本。而假如有现成剧本,历史也就丧失了全部意义,变得多余、枯燥、滑稽;塔西陀的痛苦和哥伦布的狂喜[17]都会变成儿戏,是闹剧。伟大人物都将下降到舞台英雄榜上,无论演技好坏,这些舞台英雄都注定会朝着一个已知的结局前进,且必将抵达那里。而历史中一切都是即兴作品,随处活跃着意志,一切都发生在即刻,没有成品。前方既无界限,亦无既定路线,有的只是条件,是崇高的忧虑,是生命之火和对战士的永恒召唤,召唤他们尝试自己的力量,前往他们想去的远方,只要有路可通——而在没有路的地方,天才会在那里第一个踏出来。"

"如果不幸找不到哥伦布呢?"

"科尔特斯①会代他完成的。需要时天才几乎总能应运而生,不过他们并非不可或缺。人民会在晚些时候到达那里,通过别的、更艰难的道路到达。天才是历史的华丽装饰,是她的诗篇,她的国家革命,她的跳跃,是其创造的高峰。"

"这都很好,但我觉得,在如此不确定而任性的情况下历史可能绵延千古,也可能明天就戛然而止。"

"毫无疑问。如果人类种族生存的时间极其漫长,人们是不会因为无聊而死去的。尽管人们大概会遭遇某些藏于人类天性之中

---

① 埃尔南·科尔特斯(1485—1547),西班牙殖民者,在墨西哥建立了西班牙殖民地。——译注

的极限,遭遇无法逾越的生理条件,因为人终究是人,可是,绝不会缺乏事业、营生。我们的所作所为,四分之三都是在重复他人曾经的所作所为,由此您可以看到,历史可以延续千百万年。另一方面,我一点儿也不否定历史可能就在明天终结。有什么不可能的!恩克彗星可能撞上地球[18],地质灾变可能扫荡地表,倾覆一切,某种气体可能会在半个小时内就让人无法呼吸——于是历史就完结了。"

"唉,多么可怕!您在吓唬我,就像吓唬小孩子,但我告诉您,这不会发生。鼓足劲儿发展了三千年,只为在美妙的未来因某种硫化氢气体窒息而死,真是太值得了!您怎么会发现不了,这简直荒谬之极?"

"我很惊讶,您怎么至今还不熟悉生活的道路。在自然中就像在人的心灵中一样,蕴藏着无穷多的力量和可能,只要条件齐备,足以唤醒它们,它们就会发展起来并一直发展到不能继续发展为止。它们预备由自己来占满世界,但是它们也可能中途被绊住,改变方向,止步乃至毁灭。一人之死,其荒谬程度并不亚于全人类的灭亡。谁保证我们的星球是永生的?在太阳系的某场革命中,同天才苏格拉底之于毒芹一样,它得以保全的几率很小。然而或许不会给它这种毒芹……或许吧……我是由此开始的。事实上,于自然而言这一切都无所谓,它毫无损失,从它那里什么也夺不走,不论千变万化,一切都包罗其中。它可以怀着最伟大的爱埋葬人类,而从丑陋的蕨类植物和半俄里长的蜥蜴重新开始——大概还会有某些取自新环境、新条件的改进。"

"可是,于人而言却远非无所谓。我想,要是马其顿的亚历山大知道他变成了油灰,正如哈姆莱特所言,他可一点都高兴不起来。"[19]

"谈到马其顿的亚历山大,我可以让您放心——他永远不会知道这一点了。不错,于人而言生存与否绝非儿戏,这正昭示出,必须利用好生命,现实的生命。难怪自然总是用自己的全部语言不停地引导我们走向生活,在所有人耳边低语,重复它的箴言:牢记生命。"

"不过尽是无用之功罢了。我们牢记着,我们活在无以名状的苦痛中,烦恼不停地折磨我们的心灵,生活如钟点一样单调沉闷……当您清楚身边的整个世界都在崩溃,不知何时可能会把自己压死在什么地方,您就很难愉快起来,也难以让自己醉而忘忧。也只好如此吧,不然,垂老临死之际,只能眼睁睁看着破旧而摇摇欲坠的高墙顽固地挡在那儿,就是不倒掉。我不知道历史上哪个时期如此令人窒息,从前也有斗争,也有苦难,可是也有某种变化,至少能够怀抱信仰赴死。我们却既没有什么可以为之而死,也没有什么可以为之而活……只有时代本身能自得其乐!"

"那么您觉得在崩溃中的罗马会活得轻松些吗?"

"当然,它的灭亡与取而代之的世界一样显而易见。"

"于谁显而易见呢?难道您以为,罗马人会跟我们一样观察那个时代吗?吉本无法摆脱古罗马对每一个强大心灵所产生的那种诱惑。请回忆一下,它垂死挣扎了多少个世纪,只是因为我们掌握的事实、人物都少得可怜,因为千篇一律,我们才无法看清那个时代而已!同样是死寂、灰暗的时代,于当时的人而言同样可怕,因为其中的一年也是三百六十五天,因为当时也有激情澎湃的人,却难免在高墙崩塌的混乱中凋零。时人发出过多少悲痛叹息之声!他们的呻吟今天依然让心灵惊恐不已!"

"他们可以去受洗。"

"基督徒的处境当时同样悲惨,他们藏身地下四百年,胜利遥遥无期,牺牲者却历历在目。"

"可是他们有狂热的信仰支撑——而且它最终立起来了。"

"不过,胜利后第二天就出现了异端,异教世界打破了他们友爱的神圣宁静,基督徒含泪追寻过去遭受迫害的时代,阅读殉教圣徒志并颂扬那些罹难的故事。"

"您似乎在说,一向都是如此糟糕,恰如当前,并以此安慰我。"

"不,我只是想提醒您,我们的世纪并非苦难的极点,您对过去的苦难评价不足。思想从前同样是迫不及待的,它渴望当下,它憎恨等待,然而生活并不会去满足抽象的思想,而是不慌不忙,缓缓前行,因为它的步伐很难被矫正。思想者的悲剧处境正源于此……但是为了不再次离题,现在请允许我给您提一个问题,您缘何会觉得我们周围的世界牢固而长久呢?……"

豆大的雨点打在我们身上好一会儿了,低沉的雷声渐响,闪电更趋夺目,即刻就大雨如注了……人们全都跑回船舱。轮船轧轧作响,颠簸得让人简直无法忍受,——于是谈话没有再继续下去了。

罗马,科尔索大街,1847 年 12 月 31 日

二、暴风雨之后①

愿之毁灭！

女人用哭泣来减轻心灵的痛苦，而我们不会哭泣。我想用写作

---

① 苏联列宁国家图书馆手稿部存有一份《暴风雨之后》一章的献词副本，这篇献词未纳入作者生前问世的《彼岸之声》版本。照录如下：

献词

我们一起承受了六月那些恐怖而可憎的日子，我就把此后从我胸膛里爆发出来的第一声哭嚷送给您吧。是的，是痛哭失声，我并不为流泪而羞愧！还记得拉舍尔唱的《马赛曲》吧?¹ 现在才到了评价它的时候。曾经，整个巴黎都在唱《马赛曲》——从乞讨的盲人们到格里西姐妹，从孩童到士兵。《马赛曲》，正如一名记者所言，在 2 月 24 日后成了我们的"Pater noster"（拉丁文，"我们的天父"——译注）。她只是在现在才沉寂了下来——在戒严状态下这歌声太刺耳了。² 而在 2 月 24 日后³《马赛曲》却曾是喜悦、胜利、力量、威吓之呐喊，是威力和凯旋的赞歌……

于是，拉舍尔高唱起《马赛曲》——她的歌吓呆了听众，人们步履沉重地走出了剧院。还记得吗？ 这是婚礼庆典中蓦然敲响的丧钟；这是责难，是恐怖的预兆，是无限希望中绝望的阴影。拉舍尔的《马赛曲》召唤着人们去浴血战斗、复仇……在人们竞相抛撒鲜花之地，她却扔下了刺柏。善良的法兰西人说："这不是 48 那嘹亮的《马赛曲》，而是阴沉的恐怖时期之歌……"他们错了：93 年并没有这样的歌，这样的歌只有在六月的罪恶前、在2 月 24 日的欺骗之后才可能在演员的胸膛里生成。

回想一下，当时这个女人身着白色短衫，素颜走上了舞台，清瘦，若有所思，手托着头，走得很慢，目光阴郁，然后她低声吟唱起来——歌声充满着痛苦、绝望。她呼唤人们起来战斗……可是她毫无信心——有人会挺身而出吗？……这是请求，这是良心的谴责。突然从这弱小的胸膛里爆发出了哀号、呐喊，充满着愤怒、疯狂：

拿起武器，公民们……

让敌人污秽的血灌溉我们的沟畦……

她带着刽子手般的残酷无情歌唱着。这份狂热让她自己也惊呆了，她更加虚弱、更加无望地唱起了第二节。于是再次召唤人们去战斗，去浴血冲杀……有一瞬间女人的天性占了上风，她跪了下来，浴血的号召变成了祈祷，爱占据了上风，她哭泣，她将旗帜紧贴在胸前。"对祖国神圣的爱……"可是她感到羞耻了，她跳起来，跑起来，挥舞着旗帜，呼唤着"拿起武器，公民们……"听众自始至终没敢打扰她一次。

我赠予您的这篇文章就是我的《马赛曲》。别了。请把这些语句读给朋友们听。不要做不幸的人。别了！我既不敢注明您的名字，也不敢提及自己的名字。因为在您前往之地，哭泣即是犯罪，听人哭泣即是犯戒了。

巴黎，1848 年 8 月 1 日

来代替眼泪,不是为了描绘、解释那些血腥事件,而只是为了谈谈它们,给言论、泪水、思想、苦痛以纵情恣肆的机会。哪里谈得上描绘、收集资料、思考和讨论!枪声还在耳边呼啸,骑兵队的马蹄还在横冲直撞、炮架笨重、沉闷的铁轮还在碾过死寂的街道;一个个细节还在记忆中不停地闪现——担架上一个伤员用手按着肋部,几行鲜血在手上流动,装满尸体的公共马车、五花大绑的俘虏、巴士底广场的大炮、圣德尼门和香榭丽舍旁的兵营,还有夜晚阴森森的号令声:"哨兵——警惕!"……头脑依旧灼热难耐,热血依旧沸腾不已,怎么可能去描绘!

束手呆坐家中,没有出门的可能,只听到四周远远近近都在传来枪炮声、杀声震天的战斗声,于是明白了,身边就在流血、在砍杀、在屠戮,明白了,身边人们正在成批地死亡——这种处境会让人死掉或发疯的。我没有死,可是苍老了,六月的那些日子之后我很久才恢复元气,就像大病了一场。

然而,那些日子登场时是多么隆重啊!23日,大约四点钟,餐前,我沿着塞纳河往德维利饭店去。店铺都关门了,国民自卫军纵队凶神恶煞地四处逡巡,天空乌云密布,下着雨。我在新大桥旁停了下来。强烈的闪电刺破了云层,雷声隆隆,而就在这一切中传来了圣苏比西钟楼沉稳、悠长的警报声,那是又一次上当的无产阶级在召唤自己的兄弟们拿起武器。几缕阳光从云缝中射出来,教堂及岸边的所有房屋都被奇异地照亮了;四面鼓声阵阵,炮兵正从卡卢瑟尔广场挺进过来。

我听着,雷声隆隆,警钟长鸣。我无比热切地欣赏着巴黎全景,好像是在同它告别。我热爱此刻的巴黎,这是这座伟大都城给予的最后赠礼,六月的日子之后它让我厌倦了。

河对岸所有的大街小巷都筑起了街垒。一切都还历历在目,我依旧能看见这些沉重的面容,他们在拖拽石头,孩子、妇女在帮助他们。一座街垒看样子已完工,一个年轻的技校学生登上去,插上旗帜,然后他用低沉、忧郁而庄严的调子唱起了《马赛曲》,所有的工人随后都唱了起来,这雄宏的歌声从石筑的街垒后响起,充溢了心灵……警报声还在响着。与此同时,炮兵部队从桥上轰隆隆驶过,贝多将军从桥上用望远镜观察着敌人的阵地……

这时本来尚可预防一切,那时本来尚可拯救共和国、全欧洲的自由,那时本来尚可和解。愚笨的政府做不到这一点,议会则不愿意做,反动分子渴望报复、流血,他们要为 2 月 24 日寻求补偿,《民族报》的囤积为他们提供了执行者。[4]

瞧,你们都要瞠目结舌了吧,亲爱的拉杰茨基公爵和尊贵的帕斯凯维奇—埃里温斯基伯爵? 你们做卡芬雅克的助手都不称职。同忿怒的店铺老板集体比起来,梅特涅和沙皇陛下私人办公室第三厅的所有成员简直都成了温顺可爱的孩子了。

6 月 26 日晚上,"民族党"在巴黎大获全胜之后,我们听见节奏分明的枪声,中间有短暂间歇……我们大家互相看了看,所有人都脸色铁青……"这是在枪决呢",我们异口同声地说,互相背过身去。我把额头紧紧贴在窗玻璃上。这样的时刻让仇恨刻骨铭心,让人誓将用一生的时间去复仇。谁原谅这些时刻,谁就该遭灾罹祸!

战斗持续了四昼夜,战斗结束后整座城市一片死寂,戒严中的和平降临了。大街小巷都还被封锁着,偶尔,偶尔哪儿会冒出一队士兵。那是骄横的国民自卫军,神情愚钝而目露凶光,满脸戾气,用刺刀和枪托恫吓、保卫着自己的店铺。流动自卫军成群结队,兴高采烈,他们高唱着"为祖国而死",[①5] 醉醺醺地在林荫道上四处流

---

① 原文为法文。——译注

窜。十六七岁的孩子们手上沾满了弟兄的鲜血，并以此为傲；小市民妇女们则从柜台后面跑出来欢迎胜利者，争先恐后地把鲜花抛向他们。卡芬雅克用他的四轮马车载着一个杀害了数十个法兰西人的恶魔耀武扬威。资产阶级胜利了。圣安东尼区的房子却还在冒烟，被炮弹炸裂的墙坍塌了，裂开的房屋裸露着僵硬的伤口，毁坏的家具在等待腐烂，镜子的碎片不时反射出刺眼的白光……可是主人哪儿去了？居民呢？没人去想他们……有些地方铺上了沙子，可血还是在渗出来……被炸毁的先贤祠依旧不准靠近，林荫道上扎着帐篷，马匹啃着香榭丽舍大街上幸存下来的树；协和广场上到处都是干草、胸甲骑兵的铠甲、马鞍；士兵们在秋林花园的栅栏旁煮汤。此情此景，即便1814年巴黎也未曾目睹过。[6]

又过了些日子，于是巴黎开始恢复常态，闲散的人群又出现在林荫道上，盛装的夫人们开始乘坐四轮马车和轻便马车观赏废墟和激战的遗迹……只有频繁走过的巡逻队和一群群囚犯还能让人想起那些可怕的日子，还能让人明白发生过什么事。拜伦描写过夜晚的战斗，血腥的细节被黑夜遮蔽了，黎明时分战斗早已结束，能看到的只是它的陈迹：地上的刀剑、血迹斑斑的衣服。[7]现在，正是这样的曙光洒落在心灵中，照亮了可怖的废墟。半数的希望、半数的信念都被摧毁了，否定、绝望的思绪挥之不去，日渐生根。难以想象，既已饱经沧桑，又经受过现代怀疑主义的洗礼，我们的心灵中却还残存着那么多日趋灭亡的东西。

这样的震荡之后，富有活力的人不可能再一如既往。或者，他的心灵会更具宗教色彩，绝望地固守他的信仰，在虚妄之中寻找安慰——于是在雷雨中焚毁的人再生绿芽，可是心已经死了；或者，他鼓足勇气交出最后一丝希望，日趋清醒，不再固执地呵护最后那些摇摇欲坠的枯叶，因为它们终将随萧萧秋风而逝。

怎么办更好？很难说。

一个导向精神错乱之极乐。

另一个则导向知识之不幸。

自己选择吧。一个异常坚固，因为抹去了一切；另一个什么也不保证，然而会给予很多。我选择知识，就让它夺走我最后的安慰好了。我将赤裸裸地重入世间，精神上一贫如洗。那儿时的希望、少时的期待，加上它们的全部根源——我将把这一切统统交到刚正的理智法庭上！

人内心有一个常设的革命法庭，有一个无情的富基埃‑坦维尔，①并且，最主要的，有一个断头台。有时候法官会熟睡，断头台会生锈，虚假、陈旧、浪漫、衰朽的东西就会抬头、滋长，然而，一旦有某种粗暴的打击让疏忽的法官、打盹的刽子手悚然惊醒，残酷的惩罚就要开始了——最小的让步、宽恕、怜惜都将导致抱残守缺，意味着容留锁链。没有选择：或者处决然后前行，或者饶恕并牵绊在中途。

怎能忘记自己的逻辑小说？怎能忘记，第一丝怀疑的思想、第一次探索的勇气如何闯入了自己的心灵并迅速蔓延，直至触及心灵中那些最神圣的财富？这就是恐怖的理智法庭。处决信仰并不如想象的那样容易，很难跟它们诀别。它们伴随着我们成长，我们已经与之难舍难分；它们使我们愉悦，给我们抚慰，我们很难忘恩负义，牺牲它们。这没错，可是在这个环境中，在法庭庄严耸立之地，不应心存感激，也无神圣可言。如果说革命像萨图恩那样吞食自己的孩子，[8] 那么，否定就像尼禄，要杀死自己的母亲，以便与过去决裂。[9] 人们害怕自己的逻辑，尽管轻率地把宗教和国家、家庭和道德、善与恶传唤到它的法庭前，却又竭力捞出旧世界的残砖碎瓦；抛弃

---

① 18 世纪末法国大革命时期活动家，曾任革命法庭的公诉人。——译注

了基督教,却死守着灵魂不死、唯心论、天命论不放。曾经携手同行的人们于是分手了,有人向右,有人向左;有人中途止步,就像路标柱桩,指示着走过的路程;有人则抛掉最后一件往昔的负担,朝气蓬勃地继续前行。要跨过旧世界进入新世界,就什么都不能从那里带走。

理智是无情的,就像国民公会,铁面无私,严厉无比,不迁延于任何东西,而是要把最崇高的存在置于被告席上,高贵的神学国王之1月21日正在来临。[10]这个程序,正如处死路易十六的程序一样,是针对吉伦特派的探路石,[11]所有软弱、摇摆不定者或遁逃,或说谎,或噤若寒蝉,或点头称是,却绝无信仰。是时,那些做出判决的人以为,既然处死了国王,也就再没有什么需消灭的了,1月22日共和国已经大功告成、万事大吉了。似乎要消灭宗教,有了无神论就足够了;似乎要消灭专制,处死路易十六就高枕无忧。恐怖现象学和逻辑现象学惊人一致。恐怖正是在处死国王以后开始的,在他之后断头台上出现了优秀的革命少年,那些杰出、雄辩、然而虚弱的少年。[12]他们让人痛惜,然而不可能挽救他们,于是他们掉了脑袋;而在他们之后,丹东那雄狮般的头颅以及革命宠儿卡米尔·德穆兰的头颅也滚落尘埃。[13]那么,现在,现在至少该结束了吧?不,现在该轮到那些意志坚定的刽子手了,[14]他们将因为相信在法国可以实现民主、因为借平等的名义屠杀而被处决。是的,就像梦想各民族兄弟般友爱的阿纳哈尔西斯·克劳茨,①他们在拿破仑时代来临的数天前、在维也纳会议召开的数年前被处决了。

在所有宗教的、政治的对象转变成人的、必须接受批评与否定的普通对象之前,绝不可能出现自由的世界。成熟的逻辑憎恨圣典

---

① 阿纳哈尔西斯·克劳茨,即让-巴蒂斯特(Jean-Baptiste,1755—1794),雅各宾派革命活动家,雅各宾专政覆亡后被处死。——译注

化的真理，要让它们从天国律条还俗为人间之规；她从那些神圣的隐秘中提炼出明明白白的真理，决不设置任何不可触犯之物。故而，如果共和国掌控的权力与帝制等同，她就会像鄙视帝制一样鄙视它，不，甚至要强烈得多。如今帝制没有内涵了，只能靠暴力维持，而"共和"这个词却还使人心灵震动；帝制本身就是一种宗教，共和却没有这种神秘主义依托，没有天赋之权，而是与我们立足于同一片土地上。仅仅痛恨王冠还不够，还必须停止崇敬弗里吉亚帽；①仅仅否认侮慢圣上是犯罪还不够，还必须承认所谓人民福祉是犯罪。人必须审判一切的时候到了：共和、法律、代表制，关于公民及其同他人、国家关系的一切解释都必须被审判。要处决的会很多，那些让我们倍感亲切、珍视的东西都要被牺牲——牺牲那些可憎之物还有什么奇怪的呢？就是如此，要交出那珍爱之物，如果我们确信它荒谬的话。这才是我们真正的事业所在。我们不是被召来采摘果实的，而是要做昔日的刽子手，摧毁它，追缉它，识破其形形色色的伪装并将之带到未来的祭坛上。昔日在现实中胜利了，可是，我们要以人的思想的名义从观念上、信念上摧毁它。无法向人妥协——妥协的三色旗被弄得污秽不堪了，¹⁵那上面六月的血泊许久都干不了。的确，宽恕谁呢？这座村庄正在崩溃，所有成员不幸都极尽荒谬，无比疯狂，令人憎恶。您还敬重什么呢？难道是人民政府吗？您还怜惜谁呢？或许，是巴黎？

　　整整三个月，那些由全民投票选出的全法兰西大地的代表什么也没做，¹⁶可是突然，他们挺立起来，要给世界展示一幅前所未有的景象——八百人一致行动起来，就像一个凶手、一个恶棍般步调一致地行动起来。¹⁷血流成河，而他们却丝毫没有爱与和解的表示，所

---

　　① 弗里吉亚帽是一种圆锥形软帽，据传，古希腊和古罗马的获释奴隶会佩戴这种帽子。法国大革命中，弗里吉亚帽成为自由和解放的象征物。——译注

有宽宏大度、人道的东西都被复仇与愤怒的咆哮所遮蔽,阿弗尔濒死的声音[18]没能打动这个多头的卡利古拉①,这个踏着铜钱大步迈进的波旁王室,[19]他们紧紧拥抱了枪杀手无寸铁者的国民自卫军,塞纳尔②感谢了卡芬雅克,于是,实施了代表们用专业律师之手指示的所有暴行之后,卡芬雅克喜极而泣。那些声色俱厉的少数派则消失得无影无踪,山岳隐匿到云雾之后,一边庆幸自己幸而躲过了枪杀,躲开了地牢,[20]一边默默地看着一切,看着从公民手中夺走了武器,看着颁布了驱逐令,看着人们因为各种理由被抓进监狱——包括因为没有向自己的弟兄开枪!

在这些恐怖的日子里杀人成了责任。要是有人没有在无产者的鲜血中将手泡胀,那他在那些小市民的眼中就成了可疑分子……至少,多数人坚定地做了凶手。瞧这些畏缩的人民之友、空谈家、无聊的灵魂!只响起过一声勇敢的哭嚎、一声伟大的怒号,而且是在牢狱之外。拉梅内老人阴郁的诅咒将印在那些暴虐者的头上,[21]并将更加醒目地烙在那些怯懦之辈的额头上,正是这些人成天把"共和国"挂在嘴边,却惧怕它的内涵。

巴黎!长期以来这个名字都是各民族的指路明星。多少人喜爱过它,多少人崇拜过它啊!可是它的时代过去了,就让它走下舞台好了。六月里它发动的是一场力不从心的斗争。巴黎衰老了,青春的梦想不再适合它,为了振作起来,它需要激烈的震荡,需要巴托罗缪之夜和血腥的九月。[22]然而六月恐怖并没有让它复苏,这个衰朽的吸血鬼还能往哪里去攫取鲜血——教民们的鲜血呢?6月27日,

---

① 卡利古拉,即古罗马皇帝盖乌斯·恺撒·奥古斯都·日耳曼尼库斯(12年—41年),是著名的暴君。卡利古拉是外号。——译注

② 安托尼·马里·儒勒·塞纳尔(1800—1885),法国律师,资产阶级政治活动家,1848年间曾任立宪会议主席及卡芬雅克政府内务部长。——译注

不正是这些鲜血映红了欢呼雀跃的市侩们点燃的灯火吗?[23]巴黎喜欢玩军人游戏,他把一个幸运的士兵推上了皇帝的宝座,[24]为暴行鼓掌欢呼,美其名曰胜利;他建造了一座座雕像,十五年后,又一次把一个小军士庸俗的塑像安置到圆柱上,[25]无限敬仰地再次搬出奴役制复辟者的遗骸,[26]至今企图能在士兵中找到一个阻止驶向自由与平等的铁锚。他招募野蛮的非洲匪徒来对付自己的弟兄,借职业杀手无情地残害他们,只为不愿与他们分享果实。让他承担自己的行为、自己错误的后果吧……巴黎充斥着不经审判的枪决……这血腥屠杀会换得什么结果? 鬼知道,但无论什么结果,可以预见的是,在疯狂、报复、纷争和复仇的狂潮中,这个束缚新人、阻碍新生活、阻碍未来得已确立的世界终将毁灭——这太好了,因此让我们高呼:

混乱和破坏万岁!

死亡万岁!

并愿那未来的旗帜高高升起!

巴黎　1848 年 7 月 24 日

三、统一而不可分割的共和国五十七年

这不是社会主义,而是共和国!

——1848 年 9 月 22 日赖德律 – 洛兰在夏尔宫的演说辞[1]

近日欢庆了五七年葡月一日。[2] 香榭丽舍大街上的夏尔宫内聚集了民主共和国的所有显贵、国民议会的所有当红议员。午宴临近尾声时赖德律 – 洛兰发表了出色的演说。他的演说全是献给共和国的红色玫瑰,布满投向政府的利刺,当然大获成功,也当之无愧。他结束演说后,大厅里"民主共和国万岁!"的口号震耳欲聋。全体起立,脱帽,整齐而庄重,接着众人唱起了《马赛曲》。赖德律 – 洛兰的演说,解放歌曲那深入人心的激昂旋律,当然还有满盛葡萄酒的高脚杯,这一切让一张张面庞热情洋溢,一双双眼睛神采飞扬,当那些萦绕脑际的东西双唇不能完全表达时则尤其如此。香榭丽舍大街上军营中的战鼓声则警示人们,敌人近在咫尺,戒严和军人专政[3] 依旧。

多数客人都是血气方刚的年纪,然而在政治舞台上已经初试身手。他们互相交谈,气氛热烈,喧声一片。设若尚未扼杀自己身上那些优秀的民族品性,或者已经摆脱狭隘、污浊的市侩环境——然而市侩习气就像水藻一样覆盖了整个法国——法国人性格中会充溢着多少精力、勇气和高尚的情操啊!其神情是多么果敢,要用行动证明言论的愿望是多么强烈!他们真的会准备随时投入战斗,去

45

冲锋陷阵，去消灭或者被消灭。我久久地注视着他们，一种极其沉重的忧伤慢慢压上心头，笼罩了我所有的思想。我为这一小群人深感惋惜——这群高尚、热忱、才智卓越的人，几乎算是新一代中最亮丽的色彩了……不要以为我是惋惜他们可能活不到 57 年雾月 1 日或者雪月 1 日，或者惋惜一周后他们可能就会身死街垒、断头台，或是被关进集中营，被驱逐出境，或者，用最新的时髦手段，他们可能会被五花大绑，押送到卡鲁塞尔广场的某个角落抑或外围要塞下面乱枪打死，不，这一切会让我难过，却不会让我惋惜。我的忧伤更加深切。

我惋惜的，是他们显而易见的错误观念、他们对不可实现之物的真切信念，还有他们那份热切的期盼：这期盼如此纯粹而又如此虚幻，正如堂吉诃德的骑士精神。我为他们惋惜，就像医生会为身罹重病却讳疾忌医者惋惜一样。这些人将让自己遭受多少精神折磨！他们将像英雄一样去战斗，奔劳一生却注定一事无成。他们不惜抛洒鲜血、汗水，献出生命，然而暮年来临之际，他们会蓦然惊觉，自己的付出一无所获，而该做的却又没有去做，于是他们将带着怀疑人类的痛苦死去——然而人类却是无辜的。或者，更糟糕的，他们将陷入幼稚的幻想，像现在一样等待：有那么一天会陡生巨变，他们的共和国就会应运而生，于是他们会把临终的痛苦错当成新生的阵痛。共和，他们所理解的共和不过是难以实现的抽象思想，不过是理论思维的成果，不过是现存国家秩序的幽灵、现有之物的变形。他们的共和实为旧世界的最后幻梦和诗情呓语。这呓语里也有预言，然而那预言是属于阴间和来世的，正是这一点他们无法理解。这些人物来自过去，貌似革命，实际上却与旧世界血肉相连。他们妄想，这个老朽的世界会像尤利西斯一样返老还童，却没有发现，他们的共和国即使只展露一角也将立刻将之杀死；他们不知道，没有比他们的理想和现实秩序之间更尖锐的冲突了：一方要活，另一方就得死。他们不能从旧体制中走出来，视之为某种不可逾越的底线，正因为此，他们的理想徒具未来之名和色彩，而实质上属于过去的世界，无从摆脱。

他们为何不知道这一点？

他们致命的错误在于，他们热望博爱、自由，急切而充满愤怒，于是在自身未获解放之前就奋力去解放他人。在自己身上他们发现了斩断沉重铁镣的力量，却没有发现牢狱的高墙依旧。他们企图不去碰那高墙，而只是赋予它新的意义，好像牢狱的构造完全适合自由生活似的。

陈腐的封建天主教世界扭曲了一切，而这也正是其所长。这个世界在各个方面都发展得精雅之至，也丑恶之极，它所包含的一切真理和一切谎言已经一览无遗，最终精衰力竭了。它还能够久立不倒，却不可能恢复元气、重获新生。当前社会思想的发展已经深入如斯：为实现这一思想迈进的每一步都意味着对旧世界的背弃。背弃！这正是需要停顿之处！去哪里？高墙之外是什么？他们害怕了——空旷、辽阔，无拘无束……如果根本就不知道去哪里，那又该如何前行！而如果根本就看不到所获何物，那又该抛弃什么呢！假如哥伦布这样思索过，他可能永远都不会起锚远航了。航线未知，从未有人穿越过那广阔无垠的大洋，甚至传说中的那个国度存在与否都还是个问题，此时此际，义无反顾地驶入大洋无疑是疯狂，然而这疯狂让他发现了新世界。如果是从一座设施齐备的房子搬迁到另一座更好的房子，一切当然会容易得多，不幸的是，无人可以提供完备的新住所。未来比远涉未知的重洋更糟：没有任何现存之物，情势和人把它造就成什么样子，它就是什么样子。

如果你满意旧世界，那就尽力保护它吧；这个世界非常虚弱，在诸如 2 月 24 日这样的震荡中坚持不了太久。但是如果你不堪忍受生活信念的纷争不休，不堪忍受想一套做一套，那就从褪色的中世纪拱门下走出来，走向让自己战栗的东西，有时果敢无畏胜过任何智慧。我非常清楚，这样做不容易。放弃司空见惯的一切，放弃伴随自己生长、成熟的一切，岂是儿戏！现在我们谈论的这些人是愿意付出可怕牺牲的，然而他们并不愿意接受新生活的要求。他们能牺牲现代文明、生活方式、宗教以及他们虚妄的道德吗？他们能够放弃经过巨大努力才取得的成果吗？这些成果我们已经称颂了三百年，于我们可谓珍贵无比。他们能够放弃现代生活的种种设施与享受吗？能够抛弃暮气沉沉的教养换得野性的青春吗？能够离开贫瘠的土地和整洁的花园前往荒野、前往无路通行的森林吗？他们会仅仅为了获得参与新房奠基之喜就摧毁世袭的城堡吗？要知道这幢房子肯定要在我们身后很久很久方可建成！这是疯子的问题，很多人会如是说，然而基督用另一种方式提出来的恰恰正是这个问题。

很久以来，自由主义者标榜革命思想，游戏其中，二月二十四日这一切戛然而止。人民革命的飓风把他们推上了钟楼之顶，向他们指明了前进以及带领众生前进的方向，然而，面对眼前的深渊，他们吓得面如土色。他们看到，不仅仅是他们视作偏见的东西在崩溃，他们视作永恒和真理的东西同样在崩溃，于是惊慌失措。一些人死守住那些坍塌在即的危墙，另一些人则中途止步，一边悔过，一边逢人就赌咒发誓：我们并不想要这些！这就是为什么那些曾经宣告共和国诞生的人摇身一变成了自由的刽子手，[4] 这就是为什么二十年来我们耳熟能详的那些自由主义者统统蜕变成了反动议员、叛徒和残酷无情的法官。他们想要自由，甚至想要共和国，但必须是在既定的、文献般规范组织的范围内。一旦超出这个既定范围，他们就

三、统一而不可分割的共和国五十七年

变成了保守分子。正如唯理论者喜欢阐释宗教的秘密一样,这些人也喜欢揭示神话的重要性和意义,对这一切将造就什么却始料未及。他们的研究本始于对上帝之畏惧,不料却会终结于唯物主义;他们批判的本是宗教仪式,不料却导致否定了宗教本身。

文艺复兴以来,所有国家的自由主义者都借自由之名,借不幸者的泪水、受压迫者的痛苦、无产者的饥饿之名号召人民推翻封建专制制度,他们向大臣们提出后者难以满足的要求,迫使其疲于应付,于是他们就兴高采烈了。封建支柱一个接一个地轰然倒塌时他们同样如此,最后,他们简直是因为个人理想得售而陶醉了。然而,当无产阶级,不是在书本里、不是在议会的废话中、也不是在天花乱坠的慈善演说中,而是在现实中,从那几近塌毁的高墙后面,那带着斧头和乌黑的双手、缺衣少食的无产阶级蓦然现身之后,他们目瞪口呆了。他们曾经屡屡谈起这“不幸的、被掠夺的兄弟”,无限悲悯;而现在,这个兄弟终于开口质问,所有财富中他的份额在哪里,他的自由、平等以及他该享受的友爱在哪里。于是自由主义者为工人的无礼和忘恩负义惊诧莫名了,于是他们在巴黎的街巷大显神威,直至血流成河,尸横遍野,他们躲开了弟兄,藏到森严的刺刀后面,开始拯救文明与秩序了!

他们没错,只是他们自相矛盾。从前他们何以要竭力摧毁君主制? 他们怎么就不明白,革命要消灭的乃是君主制原则,而不可能仅限于把某个王朝扫地出门,就此止步不前。路易·菲利普还没来得及逃到圣克鲁,新政府就在德维勒饭店成立了,[5] 于是一切如旧。自由主义者们得意忘形,宛如孩童,尽管政变之草率本该让他们明白,他们所谓的政变根本无足轻重。自由主义者们心满意足了,可是人民没有;人民现在提高了嗓门,重复着自由主义者的语言、许诺,而后者呢,则像彼得,三次否认了自己的说辞和诺言。[6] 一旦看到

49

事态严重,他们即开始杀戮。路德和加尔文曾这样烧死过再洗礼派教徒,新教徒也不认可黑格尔,而黑格尔主义者则拒不认可费尔巴哈。这正是革新者的宿命,他们不过是架起浮桥,以供响应他们的民众从此岸渡到彼岸。于他们,没有比晦暗不明、不伦不类更好的环境了。这个世界唇枪舌剑,纷争不断,充斥着不可调和的矛盾,而这些人扰攘不休,企图在不做任何改变的情况下,实现其自由、平等和博爱的美妙蓝图。①

欧洲的国家组织形式,它的文明,它的善恶观都具有完全不同的性质,是基于另一种观念发展起来的,也是为了适应另一种需求而形成的。正如所有活物一样,其形态在一定程度上被改变了,但也正如所有活物一样,其改变是有限度的。肌体可以被培育,偏离既定的存在方式,服从外来影响,条件是这种偏离不能达到违反其本性和个体特征的程度,不能与人之所以为人的东西对立。一旦遭遇此种影响,就会出现斗争,机体或者取胜,或遭毁灭。死亡现象意味着,构成机体的各部分获得了另一种目的,它们并没有消失,消失的是个体;各组成部分则进入了完全不同的关系和现象序列之中。

法国和欧洲其他大国的国家形式,就其内在观念而言,与自由、平等、博爱都格格不入,上述思想的任何实现方式都会与现代欧洲的生活相悖,都意味着后者的死亡。如果不彻底摧毁所有封建的、君主专制的东西,没有任何宪法、任何政府能够赋予封建君主制国家以真正的自由和平等。欧洲的生活形式,即基督教和贵族式的生活形式,构成了我们的文明、观念和习俗,这种生活形式必需基督教和贵族式的环境。这一环境当然可能与时俱进,随着教育程度的提高逐步改善,但定将保留自己的实质;无论是天主教的罗马,还是渎

---

① 美妙蓝图,原文为拉丁文。——译注

神的巴黎,抑或是哲学的柏林,莫不如此。不跨越那最后的界限,继续前行绝无可能。在欧洲各地,人们可能自由了一些,平等了一些,然而只要这一组织形式还在,这一文明形式还在,任何地方人们都不可能真正平等而自由。这一点所有聪明的保守分子都一清二楚,因此才拼命支持旧制度。难道您以为,梅特勒和基佐看不到周围社会秩序中存在不公正?他们不过是更看到,这些不公正与整个机体是如此密不可分,一旦触及,整个大厦就会轰然倒塌。他们深谙其理,成了秩序坚定不移的捍卫者。而自由主义者呢?他们醉心于民主,却又企图回归旧秩序。究竟谁更加正确些?

究其实质,不言而喻,他们全都是错误的——基佐们也好,梅特勒们也好,卡芬雅克们也好,全都为一个虚假的目标犯下了切切实实的罪行。他们迫害、屠杀,不惜血流成河,而诸般恶行不过是为了延缓死亡。无论梅特勒如何老谋深算,卡芬雅克如何督军作战,共和派如何视而不见,他们都不能真正阻挡滚滚大潮。潮流奔涌的方向已经如此明晰,这些人不是去减轻负担,却竭力将碎玻璃撒满在人们前进的道路上。前进的人民将走过去,遭遇会更坏,行程会更艰难,脚会被刺伤,但毕竟会走过去。社会思想的力量是巨大的,特别是当那些真正的敌人开始理解这些思想之后。现行秩序的真正敌人就是无产者,是工人,正是他们承受了这种生活方式制造的所有痛苦,却享受不了它的果实。我们还在为旧秩序惋惜,的确,除了我们,谁又会为之惋惜呢?只有对于我们来说它才是好的,它赋予我们以教养,我们正是其眷爱的孩子;因此我们可以承认它必须死掉,然而弃绝它时却不能不饱含热泪。可是群众呢?群众当牛做马,食不果腹,蒙昧而麻木,又焉能为它的葬礼挥洒热泪!他们就是马尔萨斯所谓没有接到生活盛宴邀请的人,[7]他们所受的压迫成了我们享受生活的必要条件。

　　我们的全部教育，我们的文学和科学修养，我们的高雅趣味，我们的事业，一切都必须先有这么一个环境。这个环境总是要由他人打扫得一干二净，整理得井井有条；必须有人付出劳动，以便为我们提供精神发展所必需的闲暇。正是这份闲暇、这份活跃的无所事事使得思想家得以凝神静思，诗人得以驰骋幻想，伊壁鸠鲁信徒可以尽享快乐；正是它促进了我们贵族个性堂皇、别致、富有诗意而完美的发展。

　　谁不知道无忧无虑的优裕生活能够让人神清气爽啊！贫困锻造出了诗人吉尔伯特①，但这是例外，贫困更多会严重扭曲人的心灵，而且，在这方面它丝毫不亚于财富。营营于生存之需会扼杀人的天赋。然而在现代国家形式中富足可能及于所有人吗？我们的文明是少数人的文明，它只可能在多数人劳碌于粗活杂役的情况下存在。我不是道德家，也不是多愁善感的人，我觉得，假如少数人真的曾经活得很好，悠游自在，而多数人则保持了沉默，那就证明这种生活形式的确合理过。我并不为德国过往的二十多代人惋惜，似乎他们的生活只是为了让歌德的出现成为可能；我也很高兴普斯科夫的租子为普希金的教育提供了条件。自然是无情的，正如那棵著名的树，她既是亲母又是继母，绝不会反对由自己三分之二的造物去养活另外三分之一的造物，以便后者得以发展。当不能让所有人都过好日子的时候，就让某些人这样过好了，就让一个人去由众人养活好了，只要有人过得舒适、阔绰。只有从这个角度才可以理解贵族政体。贵族政体，总体上就是程度不等的有组织吃人。吃俘虏的野蛮人，收取高额租息的地主，靠工人发财的实业家，不过是同一种吃人的不同变体。不过，我也乐意维护哪怕是最粗野的吃人制度：

---

　　① 应指法国讽刺诗人尼古拉－约瑟夫－罗朗·吉尔伯特（1751—1780）。——译注

设若一个人把自己看作菜肴,而另一个人则想要吃掉他,就让他去吃好了;他们正好匹配,一方想成为食人者,另一方则想成为食物。

如果,有教养的少数人还在吞噬一代又一代人的生命,只是略略猜到他们为何能过得如此舒适;而多数人还在日夜劳作,且未完全明白,所有劳动的成果都是为人作嫁,前者与后者都还认为这是天经地义的秩序,那么吃人的世界就可以支撑下去。人们常常把成见、习惯误认作真理,如此它们才不会让人感到束缚;然而一旦明白,他们所谓的真理原来荒谬之至,那就完了,那时就只能用暴力强迫人们去做其认为不合理的事情。您能构建起没有信仰的素食生活吗?无论如何也不能,人会觉得吃素无法忍受,恰与信徒觉得吃荤无法忍受相同。

劳动者不愿意再为人作嫁,你们的吃人体系也就要终结了,贵族政治也就走到了尽头。目前局势停滞了下来,这是因为劳动者还不清楚自己的力量,农民在教育上还极其落后。他们开始伸手相握之日,也就是你们告别闲暇、奢华和文明之时,那时靠牺牲多数人来为少数人营造辉煌、奢华生活的局面就将难以为继。在观念领域,人剥削人的思想已经丧失了领地,因为谁也不再认为这种关系是公正的了。

如此世界如何能抵御社会革命的冲击?又当借什么名义捍卫自己?它的信仰没落了,君主制原则尊严扫地,如今只能靠恐怖与暴力维持;民主原则正是从内部不断煎熬它的毒瘤。

宁静、内省而超然世外,沐浴着知识与艺术的祥和之光——这曾经让德国人沉醉其中的生活如今何在?处处是欢歌笑语,浓妆艳抹,处处是自由主义的高谈阔论,机锋百出——这曾经让全巴黎意醉神迷的漩涡如今何在?所有这一切都是昔日黄花,是回忆之资。最后一次企图修复本源以拯救旧世界的努力功败垂成。

在日趋贫瘠的土壤上,一切都在萎缩、干枯,没有了天才,没有了创造,没有了思想的力量,没有了意志的力量,这个世界的辉煌时代过去了,席勒与歌德的时代也过去了,就像拉斐尔和米开朗基罗的时代、伏尔泰和卢梭的时代、米拉波和丹东的时代都已经烟消云散了一样。灿烂的工业文明时代正在行进中,与灿烂的贵族时代一样充满艰难困苦;所有人都在沦为赤贫,没有让任何人富裕起来。人们没有支付能力,一日挨一日,勉强糊口;生活愈来愈缺乏优雅和美,人们蜷缩着,满怀惊恐,所有人都在像小店主一样过活,小资产阶级的道德成为公共道德。谁也不愿定居下来,一切都是暂时的、租用的、靠不住的。这个时代与苦难重重的公元 3 世纪殊无二致,那时古罗马已在放荡淫逸中耗尽了精力,皇帝们萎靡不振,军团则温顺而和平。苦闷折磨着精力充沛而惴惴不安的人,以至于他们让马匹驮起金袋,成群结队地逃往菲瓦伊达草原①上的随便什么地方,就此永别了故国和昔日的诸神。这样的时代也正在降临到我们身上,我们的苦闷正在与日俱增!

忏悔吧,先生们,忏悔吧! 对你们世界的审判已经降临。无论是戒严、共和国,还是绞刑、善举,⁸ 甚至是均田分地,你们怎么都拯救不了它了。假如不是有人如此固执而狭隘地拼命保卫它,它的命运或许尚不致如此悲惨。如今法国不可能有任何妥协,对立的党派既不能互相阐明立场,更不能彼此理解;他们的逻辑不同,智慧殊异。问题一旦演变到这一步,除了斗争之外,就别无出路了,二者只可存留一个:不是君主专制,就是社会主义。

试问,谁的胜算更多? 我赌社会主义。"难以想象!"难以想象的还有基督教竟然战胜了罗马。我常常设想,塔西陀或普林尼当曾

---

① 菲瓦伊达草原,古地名,位于上埃及。——译注

多么睿智地与朋友们谈论拿撒勒人的荒谬教派,谈论这些来自犹地亚的彼埃尔·勒鲁如何慷慨激昂而疯话连篇,谈论彼时的蒲鲁东——这人竟胆敢来到罗马本土宣布罗马的末日。在这些可怜的传教者面前,帝国骄傲而强大——然而它垮掉了。

或者,你们尚未看见那些前来建造房屋的新基督徒、那些前来大肆破坏的新野蛮人?他们已经整装待发,就像熔岩在地下,在山体内部奔腾翻滚。一旦他们的时刻来临,赫库兰尼姆和庞贝就要消失无踪,良与莠,正与邪,概莫能免。这将不是审判,不是判决的执行,而是破坏性的剧变、灾难……这熔岩,这些野蛮人,这个新世界,这些拿撒勒人,这一切势将摧枯拉朽,为新生活、新事物扫清道路,而且比你们预料的更加迫近。因为正是他们在饥寒交迫,正是他们在我们的头顶和脚下忿恨不已,在阁楼和地下室里怨声载道,而我们则安坐在第二层楼上,一边吃华夫饼就香槟,[9]一边大谈社会主义。我知道,这不是新闻了,以前也一贯如此,可是从前他们尚未看透这一切是多么荒唐。

"可是,难道未来的生活形式不会进步,反而要在野蛮的暗夜中建立起来吗?"

"我不知道,不过我认为,假如有教养的少数人能够活到这个毁灭性时代,又不能在全新的观念中浴火重生,他们的生活将会变糟。许多人怒斥此论,我却从中找到了慰藉。于我而言,这些损失恰好证明,每一个历史时期都有其完整的现实,独具特征;每一个时期都是已实现的目的,而不是工具。故此,每个时代也都有其福祉,有绝对属于这个时代并会随之而亡的美好事物。您以为,接受基督教后,罗马贵族在生活方式上赢得了很多吗?或者,革命前的贵族难道不比你我今天过得更好吗?"

"确实如此,但是对许多人来说,急剧而暴力的变革思想总有些面目可憎。人们看见了变革的必要性，却总是希望它能一步一步地完成。他们说，随着自然逐渐形成并日趋丰富、进步，其本身也不再接受那些可怕的灾变，地壳可以证实这一点。地壳中充满着各次剧变中毁灭的生灵骸骨，然而，一旦自然发展出了意识，地质的变化就和谐而平稳了。"

"她只是用少数头脑、少数选民达到了有意识的境界，其余的尚在获取之中，故也尚在屈服于自然力、本能、盲目的嗜好和情欲。要想让你觉得清晰而合理的思想也成为他人的思想，这一思想是真理还不够；要做到这一点，还必须让他人的脑袋与你的脑袋发展到同一水平，要让他从传统中解脱出来。你怎么能够说服劳动者，让他们在社会制度渐变之时忍耐饥饿与贫穷？你怎么能够说服私有者、高利贷者、老板，让他们松开紧握垄断与权利之手？这样的自我牺牲简直难以想象。能做的已经做了，中产阶级的发展，宪政秩序，这些都不过是过渡形式，它们把封建君主专制的世界同社会共和制的世界连接了起来。资产阶级希望的正是这种半解放状态，他们猛烈攻击旧世界，意在继承它的权力。他们是在为自己努力——当然这无可厚非，人只有在为己而动时才能认真做些什么。资产阶级当然不会把自己看作丑陋的中间环节，而是把自己看作目的本身。然而，因为其道德原则比过去更少更贫乏，发展却越来越快，所以毫不奇怪，资产阶级世界如此迅速地衰竭了，并且没有焕然一新的可能。最后，请想一想，所谓渐进式变革可能如何进行？分割财产，就像第一次革命中所做的那样？如此，则结果只有一个，即世上一切都将变得卑劣可憎，小私有者乃是所有资产者中的最坏一种；今天在无产者饱受折磨而有力的胸膛中激荡着的所有力量都将因此枯竭。是的，无产者将不再挨饿，然而也仅此而已，无产阶级将被禁锢在自己的小块土地上或者劳工宿舍的斗室之中。这就是和平的、有机的

56

变革。设若出现这一前景，那么历史的主流会找到另一种通道，它不会在黄沙和黏土中迷失方向，就像莱茵河那样；人类不会走上狭隘、肮脏的泥泞小路，它需要通衢大道。为了打开通途，它会不惜一切。

　　自然界中保守力量与革命因素一样强大。只要可能，自然就允许老旧无用的东西存在，但是它没有怜惜猛犸和乳齿象，而是重整了地球。灭绝这些巨兽的变革并非专为对付它们而发生的，假如它们当时能够逃脱，它们就会保全下来，然后在已经不熟悉的环境中平静、安详地退化。埋骨于西伯利亚冰层下的猛犸无疑逃脱了地质灾变，恰如身处中世纪的亚历克休斯们、帕里奥洛加斯们。[10]自然并不反对这一现象，历史也是如此。我们把自己的伤感和激情附着在它上面，却忘了自己语言的隐喻性，把形象的表现当作了真实本身。我们没有发现此举甚为荒谬，竟把我们家庭经济事务的那点儿可怜规则纳入到世界经济学之中；可是，于后者而言，一代又一代的人也好，各民族也好，甚至所有的星球，相对于整体的发展都无足轻重。我们主观而执迷于个人观感，与此相对，于自然而言，个体的毁灭与个体的产生一样，不过都是一种必然性的实现，是一种生活游戏的完成。自然不去怜惜个体，因为不论如何千变万化，她广阔的胸怀中都不会丧失任何东西。"

香榭丽舍大街
1848 年 10 月 1 日

四、暮气沉沉！

以死救亡

（复活节前的晨祷）

1848 年 11 月 20 日,[1] 巴黎,天气恶劣,劲风挟裹着早降的雪和寒霜,这是夏季之后寒冬即将来临的第一个预兆。在这里冬季就是全民受灾,穷人们缺吃少穿,只能准备在没有炉火的顶楼瑟瑟发抖。天寒地冻再加上空气潮湿,两个月来死亡人数不断攀升,寒热病将劳动者折磨得精疲力竭。

这一天简直根本没有过白昼。湿漉漉的雪花在昏暗的空中飞舞,落地即化;大风不时掀掉行人的帽子,无情地撕扯着协和广场附近高杆上那数百面三色旗。广场上,密密麻麻地排列着士兵和人民警卫队,杜伊勒里公园大门上有一块带有基督教十字架的花饰破裂了,从公园到方尖碑的广场被士兵团团围住,广场上空无一人。正规军、流动自卫军、枪骑兵、龙骑兵、炮兵队伍充斥了通往广场的所有街区。不知就里者肯定猜不到那里在酝酿什么……莫非是要再次处决国王……莫非是要再次宣布祖国在危急中？……不,这并非针对国王的 1 月 21 日,而是针对人民、针对革命的……这是 2 月 24 日的葬礼。

早上八点来钟,一支老年人队伍杂乱地走过大桥,他们郁郁不乐,竖起大衣领子,衰迈的双脚艰难地寻找着略干一些的路面,缓缓前行。队伍前边走着两个引路人。一人身裹非洲长袍,勉强还显露出中世纪佣兵队长般刚毅、严厉的气质,瘦削而饱受病痛的脸上绝少人类的东西,却更似猛禽,干瘦的身躯整个散发出灾难与不幸的气息。[2]另一人身材肥胖,衣着光鲜,一头灰白的卷发,身穿燕尾服,一派矫揉造作、轻侮而漫不经心的神情,曾经俊美的脸上只余下自鸣得意,表明他对自己的功勋、地位志得意满。[3]

没有任何人欢迎他们到来,只有驯服的武器咣当作响,算作警戒。是时,从对面马德兰街走出另一队人来。这群人更加怪异,他们身着中世纪盛装,头戴天主教法冠,身披法衣,手执香炉、念珠和祈祷书,简直像是弃世已久且早就被遗忘的封建中世纪幽灵。

这一拨,那一拨,他们来干什么?

一批人前来,是要在无数刺刀的护卫下宣布人民获得了自由,颁布在枪声中制订、又在戒严中讨论通过的法令——为了自由、平等和博爱的法令。另一批人前来,则是为了祝福哲学与革命的硕果:以圣父、圣子和圣灵之名!

人民对这场丑剧不屑一顾。他们忧伤愤懑,成群结队,徘徊在所有遇难弟兄的公共棺木旁,也就是七月纪念碑旁。[4]小店主、商贩、店伙计,附近公馆的守院人,堂倌以及我们的伙伴,即外国旅行者一道构成了军队和武装资产者队伍的外围边缘。然而即便是这些观众,面对眼前的场景也倍感惊讶:有人在宣读那些不堪入耳的东西,法官们的长袍奇形怪状,活像化装舞会上的打扮——有红袍,有黑袍,有镶毛皮的有不镶毛皮的;眼前雪花飞舞,部队排成战斗队形,荣军院广场传来的枪声更使他们显得森严恐怖。士兵和枪炮声使人不由得想起六月的那些日子,心不由得收紧了。所有人的脸上都显得忧心忡忡,就好像全都意识到了自己的错误似的——部分人是因为制造了罪行,另一部分人则是因为参与了罪行,纵容了罪行。

一有风吹草动,成千上万颗头颅就会扭头观望,似乎是在等待紧随其后的枪弹呼啸声、起义的呐喊声、夺人心魄的警报声。暴风雪继续飞舞。军队冻僵了,怨声迭起。终于,鼓声响了起来,人群骚动了;终于,没完没了的纵列行进开始了,伴随它们的是苍白的《为祖国而死》——这些陈词滥调取代了伟大的《马赛曲》。[5]

这个时刻之前,一位我们已经熟悉的年轻人[6]挤过人群,来到一个中年人身边,带着发自内心的喜悦,向后者说道:

"真是意外之喜,我不知道,原来您也在这儿。"

"啊,您好!"中年人回答,向他友好地伸出双手,"早就到了吗?"

"近几天刚到。"

"从哪里?"

"意大利。"

"怎么样,不大好吧?"

"最好别提……糟糕透顶。"

"果然,我亲爱的空想家和理想主义者,我就知道,您经不起二月的诱惑,必将为此饱受折磨,而折磨总是可以转化为希望的……您曾经一直抱怨欧洲了无生气,昏睡不醒。或许,现在不能再指责这一点了吧?"

"不要取笑!不论内心的怀疑思想多么强烈,此情此景之下,岂可取笑。常常欲哭无泪,岂是开玩笑的时候?我承认,于我,现在一切都不堪回首。跟您分手尚不足一年,却像是过去了整整一个世纪!本来,眼前所有最美好的愿望、所有衷心期待的希望都正在实现,它们成为现实的可能性已指日可待,却一下子垮了,垮得如此彻底!一切都丧失了——而且不是在战斗中,不是在与敌人的斗争中丧失的,而是因为个人的无力和无能,这让人不寒而栗。我现在愧见正统派，他们会当面奚落我，要命的是我却觉得他们是对的。这磨炼！才能竟不是因之而发展了，却是因之而衰退了。遇到您，我欢喜得紧，我简直是非得见您不可。我私下跟您争吵又和解了，还给您写过一封超长的信，现在我真高兴自己又把它撕碎了。信里尽是大胆的展望，我企图用它们来战胜你，而现在我却希望您能让我最后确信，这个世界会完蛋的，没有出路，注定要彻底衰败，成为一片荒野。现在您不会让我难受了，绝对；然而，我也从没指望跟您见面能让我轻松起来，您的话从来都让我更加沉重，而不是稍感轻松……不过我现在想要的正是这个……说服我吧，我明天就会去马赛，并且会搭上第一班船去美国或者埃及，无论哪里，只要能离开欧洲就行。我累了，我在这儿简直筋疲力尽，我觉得自己胸膛里、脑袋里全是病，留下来非发疯不可。"

"很少有神经疾病会比理想主义更顽固。我发现，近期的一系列事件之后您丝毫未变。您是宁愿受苦，也不愿去理解。理想主义者都是被宠坏的孩子，是不折不扣的胆小鬼。请原谅我用了这个词——您明白的，我指的不是个人的胆量，他们的胆量甚至太大了。然而在真理面前理想主义者是胆小鬼。你们排斥它，害怕那些没有按照你们的理论发展的事实。你们以为，除了你们发现的道路外，世界别无救赎；你们妄想，因为你们忠诚，世界就会随着你们的笛声起舞，一旦发现，世界原来有自己的步调和节拍，你们就愤恨不已，垂头丧气，甚至全无兴致欣赏一下世界自身的舞姿。"

"随便您怎么称呼好了，胆怯也好，愚蠢也罢，可是我真的对这死神之舞毫无兴趣，我没有罗马人那种对恐怖场景的嗜好，或许，正因为此我才无法理解死亡艺术的全部精微之处。"

"好奇心的价值需要用场景的价值来衡量。科洛西姆斗兽场的观众，与挤在宗教裁判所火刑堆前和刑场上的人群一样，都是无所事事之徒。这些人今天来到这里，以便用什么东西填补内心的空虚，明天就会同样兴致勃勃地去看某个当世英雄被吊死。然而还有另一种远为可敬的好奇心，它扎根于更加肥沃的土壤，引导我们走向知识和研究，它为世界的未知领域折磨、侵染，力图把握其实质。"

"一句话，您谈的是用处，可是，明知道救治的时机已过，盯着垂死的人看还有什么用处？不过是好奇心的诗篇罢了。"

"于我，您所谓的这份诗意的好奇心却特别人性化。我尊敬普林尼，他能不顾显而易见的危险留下来，端坐在自己的小船上，看完维苏威火山的喷发。远远逃开当然更为理智，无论如何也会更安静一些。"

"我明白您的意思，不过您的对比并不完全适宜。庞贝毁灭之际人是无能为力的，留下来观察还是离开完全取决于他自己。我想离开并非因为危险，而是因为我待不下去了。实际上，亲身涉险远比置身事外时料想的要容易。可是袖手旁观毁灭发生，知道自己只能毫无作为，心里虽明白何物可以相助，却既没有转交此物的可能，又不能指点迷津，解疑释难，只好做一个无所事事的旁观者，眼看着人们宛如陷入了某种普遍的疯狂，骚动不安，晕头转向，互相残杀，眼看着整个文明、整个世界都在崩溃，到处都是混乱和破坏，——这一切超出了人所能承受的限度。对维苏威火山人束手无策，可是历史世界却是人的家园，在这里他不仅是观众，而且是行动者，这里他可以发言，因此，如果他不能参与，他就应该抗议，哪怕以缺席的方式呢。"

"当然，置身历史，人的确是置身于自己的家园之中，可是您的话可以理解成，在自然中他就是客人了，好像自然与历史之间隔着一道石墙似的。我却认为，在此在彼他都是身在家园，但无论在此在彼他都不是可以独断专行的主人。人不会因为自然的桀骜不驯

62

而感到屈辱,因为它的独立性显而易见,我们相信它的客观实在性不依赖于我们。而历史,特别是当代历史的客观实在性,我们却不相信,在历史中人简直觉得自己能够为所欲为。这都是二元论的痛苦印记。二元论导致我们的视野分裂,一直在两种乐观的谎言中摇摆。如今二元论不再那么粗暴无忌了,但仍潜藏在我们心灵深处。我们的语言,我们拥有的第一批观念,因为习惯、重复而显得理所当然,却一直在妨碍我们看到真理。如果我们不是从五岁起就知道,历史与自然是完全不同的,我们就会较容易理解,自然的发展会不知不觉地转化为人类的发展,它们实乃一部长篇巨著的两章,是一个进程的两个阶段,尽管边缘相距甚远,其核心却近在咫尺。如此,当我们发现,历史中发生的一切,其命运竟然要服从于生理学,服从于阴暗的嗜好,就不会大惊小怪了。当然,历史发展规律不会与逻辑规律矛盾,但它们前进的道路并不需要与思想的道路一致,因为自然中没有任何东西与纯粹理智成倍制造出来的抽象标准一致。明白了这一点,我们或许就会尽力去探究、揭示这些生理学的影响。我们在这样做吗? 有谁认真对待过社会生活的生理学? 有谁把历史看作真正客观的科学加以研究了? 没有,无论保守分子,还是激进分子,无论哲学家,还是历史学家。"

"然而我们在积极行动,或许,我们也正应像蜜蜂酿蜜一样自然而然地成就历史,这一切不是思索的成果,而是人类精神的内在需要。"

"您想说的是这个词:本能。您是正确的,它主导过,而且至今还在主导民众。但是我们却脱离那种状态了,我们丧失了本能奇异的精确性,我们太专注于沉思,因而压抑了自己的天生趣味,而历史则正是借之以前行的。我们是彻头彻尾的城市人,丧失了肉体和精神双重的节奏感——庄稼人、水手都能预知天气,而我们不能。本能中我们只剩下了不安分而渴望行动的愿望——这也很好。目前还不可能有自觉的行动,也就是说,那种完全符合这一要求的行动还不可能有,我们凭感觉行事。我们总是试图把自己的思想、愿望强加给身处的环境,也正是这些总是失败的经验教育着我们。您抱怨说,人民不按照你们所珍视的、于你们而言清晰明了的思想行事,他们不会用你们为之提供的武器争取解放,终结苦难。可是您凭什么以为,人民就应该遵循你们的思想,而不是自己的呢?您又凭什么认定,人民就应该在此时,而不是彼时去实现你们的思想呢?您是否确信你们臆造出来的手段全然无害?您是否确信人民肯定会理解它?您是否确信,既别无他法,也别无更远大的目标了?您可以去猜测人民的心思,可能成功,然而更可能失败。您和民众分属两种不同的教育阶段,你们之间隔着数个世纪,你们的鸿沟比大洋更加辽阔。如今大洋反倒可以轻松横渡了。民众怀揣着隐秘的嗜好,充满着狂热的冲动,他们的思想还没有同幻想分离,而且,在他们那里,思想并非如我们那样止步于理论,而是立即就要转化为行动。他们较难接受一种思想,因为于他们思想绝非儿戏。正因为此,有时他们会超越最勇敢的思想家,使后者不由自主地受到吸引。他们会把昨日还顶礼膜拜的思想者遗弃中途,亦可不顾显而易见的事实落后于另一些思想者。他们是孩子,是妇女,任性,偏激,反复无常。我们不是努力去研究这一人类群体独特的生理学,接近它,理解其发展道路、规律,而孜孜于批评、教导,不时大光其火,气愤难平,似乎人民或自然应负什么责任,似乎我们喜欢或者不喜欢其生活跟他们有什么关系。生活则只管吸引他们不由自主地走向模糊的目标,走向驯服。至今这种说教式的、祭司般的态度依旧振振有词,只是现在它显得很滑稽,而且正在把我们,失望的我们,变成守旧的角色。欧洲发生的一切让您难受,凶残、愚蠢而洋洋得意的反动势力让您愤怒不已。我也一样，但是您迷恋浪漫主义，您生气了，只想一走了之，只要不看到真实就行。我同意，是该脱离我们做作、虚伪的生活了，但不是逃向美国。您在那儿能找到什么呢？北美合众国，那是同一部封建基督教经文的最新正版，而且是拙劣的英译本。一年前要是您离开的话毫不奇怪，那时的形势沉闷压抑，难熬之极。然而此时怎么能离开：如今巨变如火如荼，整个欧洲都在游移、躁动，那些世代耸立的高墙正在轰然倒塌，偶像正一个接一个地跌落神坛，甚至在维也纳人们也已经学会了构筑街垒⋯⋯"[7]

"而在巴黎人们则学会了用炮弹摧毁它们。与那些偶像一起（顺便说一下，那些偶像第二天就又复原如初了），欧洲生活中那些最优秀的成果永远塌毁了。那可都是数个世纪苦心打造和培育出来的啊！我看到了审判，看到了惩罚、死亡，但是我们既没有看到复活，也没有看到赦免。世界的这一卷终结了，它已精疲力竭。生活在这一时期的各民族也走到了自己使命的尽头，开始迟钝、落伍了。历史看来已经找到新的轨道，我要去那里，去年您本人也为我做出过类似证明——您还记得吧，在船上，当时我们正坐船从热那亚去奇维塔。"

"记得，这是在暴风雨之前。只是那时您反对我，而现在却热烈地赞成我。您不是通过生活和思考取得新观点的，因此在您那里它不再平和，成了痉挛式的。您是从懊恼中，从一时的绝望中走向新观点的，不过是无意间天真地用那一时的失望遮蔽了昔日的希望。假如，在你身上，这个观点并非情人赌气似的一时任性，而是对世事的明确认识，您的言谈，您之所见就都不同了。您就会抛却一己之怒，忘却自身，忘却那个为人间悲剧命运震惊不已、满腔愤慨的自我。然而理想主义者吝于舍弃，也极其自恋，正如僧侣，可以忍耐无数艰难困苦，就是放不下自我、身份、回报。为何您害怕留下来？难道,就是因为害怕神经受到创伤,每部悲剧的第五幕一开场您都要起身就走吗?俄狄浦斯的命运并不会因为您离开包厢而减轻分毫,他照旧要毁灭。留下看完最后一幕更好一些,哈姆莱特的命运固然让观众饱受折磨,然而有时他们也能遇到年轻而朝气蓬勃的福丁布拉斯。[8]死亡景象本身是盛大隆重的,其中蕴藏着伟大的教训……欧洲上空乌云密布,谁都不能自由呼吸;如今风雨大作,电闪雷鸣,地震山摇,您却因拉杰茨基拿下了米兰、[9]或者卡芬雅克控制了巴黎就要跑开。这就是不承认历史的客观性。我憎恶妥协,然而这些情况下妥协是由理解所昭示的,这是服从历史、承认历史。况且,历史比所能预期的走得更好。你生什么气呢?我们落入疾病缠身而死气沉沉的缓慢衰老之境,本来已经要凋零、枯萎了,而萎靡不振的欧洲却出现了伤寒,她在崩溃、瓦解、融没、昏乱……昏乱到如此地步,以至于其中斗争双方都在胡言乱语,即不能理解自己,亦不能理解敌人。2月24日拉开了悲剧的第五幕。忧心忡忡,忐忑不安,这是自然而然的,当此之际,任何一个严肃的人都不可能去冷嘲热讽;但这距失望和您的见解都很远。您以为,您失望,乃因您是一个革命者。然而您错了。您失望,乃因您是一名保守分子。"

"不胜感激!照您的说法,我与拉杰茨基和温迪施格雷茨是一路货色了。"

"不,您要糟糕得多。拉杰茨基岂能算是保守分子?他摧毁了一切,差点没用炮火把米兰大教堂给炸平了。那些野蛮的克罗地亚人在奥地利攻城略地,所到之处片瓦无存,难道您真的以为这是保守?其实,他们及其将军们都不清楚自己在干什么,他们只是毫不怜惜罢了。您总是根据旗号来评判:支持皇帝的就是保守分子,支持共和的就是革命者。如今却是君主制原则与保守主义双方在打架。最为有害的保守主义恰恰来自共和派,也就是您所宣扬的那种。"

"然而这并不妨碍说,我是在竭力守护,正是在这一点上您认定我是革命的保守主义。"

"请问,今天颁布的这部宪法如此不堪,您很懊恼吧?"

"当然。"

"德国的运动穿过法兰克福漩涡之后就踪影全无了;[10]卡尔-阿尔伯特没能坚持意大利独立;[11]庇护九世原来坏得透顶;[12]这些都让您愤愤不平?"

"又怎样?我根本不想辩解。"

"这就是保守。假如您的愿望都实现了,那就会成为旧世界合理的铁证。一切都会被证明无罪——只有革命除外。"

"那么,我们就只能为奥地利人战胜伦巴第欢呼了?"

"为什么要欢呼?不用欢呼,亦无须惊讶。靠米兰的游行和卡尔-阿尔伯特的帮助,伦巴第根本就不可能获得解放。"

"我们在这里从永恒的视角评头论足,自然感觉良好。幸好,我还能够将人与其辩术区分开来。我相信,面对堆积如山的尸体、面对被洗劫一空的城市、受辱的妇女、面对身着白森森制服的野蛮士兵,[13]你就会忘掉自己的全部理论了。"

"您没有回答我,却试图诉诸同情,通常这也确实能达到目的。除了精神失常者外,人人都还有一颗良心。跟朗巴尔亲王夫人的命运[14]一样,米兰的命运很容易打动人心,让人同情。卢克莱修曾说没有比隔岸观看船只沉没更愉快的事了,此言不足为信,不过诗人的浮语虚辞罢了。[15]面对狂暴自然力的无辜受难者,我们难免身心不安。我没有目睹拉杰茨基在米兰的所作所为,但见识过亚历山大城的黑死病。我清楚这些可怕的祸患是如何践踏、凌辱人的,然而止步于哭泣却是苍白无力的。心中,与愤怒一起涌现的还有不可遏制的渴望:反抗、斗争、研究,寻根究底。同情解决不了这些问题。医生不会像焦虑不安的亲属那样论及重症患者,他们的心灵可能在哭泣,深切同情,但与疾病斗争必需的是了然于胸,而不是眼泪。此外,无论医生多么爱病人,他都不能心慌意乱,不能因死神的逼近手足无措,即便他已经明白无力回天。话说回来,如果您仅仅是同情那些丧命于扰攘倾覆之秋的人,您是对的。冷漠无情是需要锻炼的,只有那些军官们、部长们、法官们和刽子手们才能对身边的一切都无动于衷。这些人的全部生活都在使之远离人性,假如他们做不到,他们也就会在中途止步了。你完全有理由哀悼,我也无以安慰您,或者只能是数量上有些许安慰吧:比如,请您回顾一下,整个事件中,从巴勒莫起义到维也纳沦陷,[16]牺牲的欧洲人还不到艾拉乌一场战役的三分之一。[17]我们的理解力仍然偏差太大,我们会忽略许多阵亡者,因为这些人死于另一阵营,尽管他们加入其中并非因为战斗的意愿、信念,而是迫于号称兵役制的公民瘟疫。至少,街垒后的阵亡者尚知道为了什么去死,而那些人呢,假如他们听得见两个皇帝的河上会晤[18]是怎样开始的,就只好为自己的英勇无畏面红耳赤了。'我们打什么呢?'拿破仑问,'纯属误会!'亚历山大则回答:'的确,无缘无故。'于是他们拥吻了。数万战士以大无畏精神杀敌无数,而自己亦化作累累白骨,却是因为误会!我想重申,无论如何,无论丧生者是多是少,他们都令人扼腕痛惜。不过我觉得,您并非仅仅伤悼众生,您也在为物而泣。"

"可悲者甚多。我哀悼2月24日的革命。革命开始时轰轰烈烈,却落得个黯淡收场。共和国完全是可能出现的,我都看见她了,嗅到她的气息了。共和国绝非理想而已,而是实在之物了,可是变成了什么呢?我为之惋惜,也为意大利惋惜。这个国家豁然醒来,似乎就是为了第二天好一败涂地!德国同样让人痛心不已。她挺身而起,不过是为了扑倒在自己那三十个地主的脚前。我痛惜人类再次退步了整整一代,运动再次衰落、停滞了。"

"谈到运动本身,它是不可遏止的。我们时代比任何时代都更适用这个座右铭:周行不殆。[①] 您瞧,我责备您保守实在是太对了,您身上保守思想已达到矛盾的境地。一年前,不正是您跟我谈起了法兰西知识阶层可怕的精神堕落吗?您却又突然确信,一夜之间他们就可以变成共和主义者,仅仅是因为人民轰走了一个固执的老头子,[19]又推出了一名被一群小记者簇拥的平庸的神人之友会教徒,[20]让他坐上了一帮小外交家簇拥的顽固贵格派教徒[21]的位置"

"现在洞若观火当然容易了。"

"当时也不难。2月26日已经揭示了24日的全部性质。[22]所有的非保守人士都已了然,这个所谓的共和国只是文字游戏,布朗基和蒲鲁东、拉斯佩尔和彼埃尔·勒鲁皆心知肚明。这里需要的并非预言天赋,而是勤于钻研、审视的习惯。正因为此,我建议用自然科学来强健、磨砺智慧。自然科学家不惯预先发表一己之见,而是保持关注并等待。他们不放过一丝一毫的征候、变化,一心求真,力避个人爱恨掺杂其间。请注意,第一次革命中最有洞察力的评论者是一名马医,[23]还有,早在2月27日一名化学家就在自己的杂志上刊文,[24]发出了目前众所周知然而已追悔莫及的警示,当时大学生们却在拉丁区焚烧了这期杂志。骚动之外,尚期待2月24日的政治风潮能带来别的什么,这份幼稚不可原谅。骚动是日就开始了,这也就是它的伟大结果了。不能去否定骚动,正是它导致法国和整个欧洲风起云涌。这是您所要的吗?这是您所期待的吗?不是,您期待的是,凭借用拉马丁的温言暖语所打造的孱弱双腿,裹之以赖德律

①　原文为拉丁文。——译注

－洛兰的一连串公告，[25]合乎理智的共和国就能屹立不倒。果真如此，则必为普天下之大不幸，如此共和国必为最沉重的障碍，让历史的全部车轮停转。临时政府建立在旧君主制原则上的共和国比任何君主制都更加有害。它借愚弄人心的多数票和虚幻的旗号招摇，表面上展现的不是荒谬的暴力，而是自由的协约；看起来不是历史的不幸，而是某种理性和公正的实现。"共和国"一词所含的精神力量，任何君权都不再拥有了；于是它得以借此名招摇撞骗，为正在崩溃的国家制度提供了支撑。反动派拯救了运动，他们扯下了面具，却也因此拯救了革命。许多人本会在拉马丁的鸦片中迷幻经年，却因为三个月的戒严而幡然醒悟。[26]他们现在清楚了，在这个共和国的概念库里平抑怒火究为何意。本来只为寥寥数人所理解的东西，现在是尽人皆知了。大家都明白，时局的演变并不是卡芬雅克的错，归罪于刽子手很愚蠢。刽子手主要是穷凶极恶，而不是负有过错。反动派自己斩断了最后一批偶像的双脚，而旧秩序恰恰隐匿在这些偶像身后，正如隐匿在圣坛宝座后一样。如今人民不再相信共和国，并且做得非常出色，不再相信任何唯一的救赎教会了。93 年时共和国教义正当其时，那时它也高大有力，培养了一只壮观的巨人队伍，长期的政治革命纪元正是以他们为终结的。形式主义的共和是六月的日子后才渐露峥嵘的。现在人们开始明白，所谓立法会议不过是圈套，友爱、平等与之格格不入；自由与以军事法庭之名展开的屠杀也水火不容。现在谁也不会相信那些颠倒是非的陪审员，因为这些人随意处置他人的命运，且不给上诉的机会。谁也不会相信那套民法体制，因为这套体制只保护财产，动则将人流放，以此作为拯救社会的措施；因为它豢养着一支唯命是从的常备军，这些人从不问青红皂白，只需一声令下，他们就会立刻扣动扳机。一切只利于反动势力。彷徨不定，狐疑满怀，人就会被迫去思考；然而走向怀疑并不容易,尤其是法国人,因为法国人尽管极其敏锐,于新事物却异常迟钝。德国也是如此。起初柏林、维也纳成功了,他们曾经兴高采烈,以为自己得到了苦候三十五年的营养和宪章。如今,经验告诉他们的却是何谓营养和牢房,他们吃够了反动派的苦头,不再会满意任何宪章,无论是哪一种。于德国人,这些东西就像成人终于得到了自己儿时渴求的玩具。反动派让欧洲醒悟,代议制不过是一种精心设计的手段,以便把社会需求和火热的行动意愿偷换成空谈和无休无止的争论。您不为此高兴,反而愤怒不已。您愤怒不已,因为立法会议由反动分子组成,拥有荒谬的权力,于惶惶不安中通过了荒谬的决议。而在我看来,这正是有力的证明:普天之下此类立法庙堂,以及诸多俨如最高司祭的代表统统无用;合理的宪法如今根本不可能通过表决产生。老态龙钟的旧世界苟延残喘,勉强有余日对将来指手画脚,挣扎着口授遗愿,此时为未来数代人撰写法典岂不滑稽?您无法欣然接受这些失败,因为您保守,因为您自觉不自觉地归属于当今之世。去年,尽管对当世怒气冲冲,您还是没有摆脱它,于是它用 2 月 24 日蒙骗了您。您相信了,以为它完全可凭自家的工具、鼓动、改革获救,以为它可以因循守旧而焕发出新的生机。您曾经相信它可以改过自新,至今仍然坚信不疑。一旦出现街头暴动,一旦法国人宣布赖德律 - 洛兰为总统,您就会再次欣喜若狂。您年纪尚轻时这可以谅解,但我不建议过久流连于此,您会显得荒唐可笑的。您天性活跃、敏锐,跨过最后一道藩篱,抖落靴子上的最后一粒尘土,您就会确信,狭隘的革命、狭隘的变革、狭隘的共和国统统不够,它们的行动范围都太过局促,正变得毫无意义。没必要屈从于它们,它们全都染上了保守之症。当然,我也要为它们说句公道话,它们也有好的一面。在罗马,较之终日烂醉而狠毒的格里高利十六世时期,庇护九世时期日子好过了些;较之君主政体,2月26日的共和国在某些方面给予了新思想更为便利的存在方式。然而,所有这些都是治标之具,利弊不分高下,它们只是以一时的缓解让我们忘掉病痛。随后,只要看一眼诸如此类的改善,看看它们的面容变得如何阴沉、不满,看到每一次让步都被视作恩惠,都是带有侮辱性的勉强施舍,说实话,珍视其服务的代价就极其高昂了。我不能在不同的奴隶制间选择,就像在不同的宗教间选择那样,我的趣味变得迟钝了,无力细致区分,哪种奴隶制坏一些,哪种好一些;哪一种宗教更接近救赎,哪一种距离远一些。也不能区分到底谁更具压迫性:是敬爱的共和国,还是敬爱的君主制;是拉杰茨基的革命保守性,还是卡芬雅克的保守革命性。更不能区分谁更卑劣:是贵格派教徒,还是耶稣会会士;亦不能区别什么更糟,是抽打还是剥皮。双方都是奴役,一方是以自由之名掩饰的巧妙奴役,当然也极其危险;另一方是野蛮的兽性奴役,自然,也更直观。幸运的是,双方都没有发现彼此之间的亲缘性,因而时刻准备相互作战。让他们斗去吧,让他们各自构筑联盟,互相撕咬,拼个你死我活。无论双方谁能获胜,谎言派也好,暴力派也好,最初这一胜利都与我们无关,话说回来,亦于他们自身无益。胜利者能做的,不过是得过且过,享受歌舞升平罢了。

"而我们照旧是观众,永远的观众,是微不足道的陪审员,我们的判决并没有实现的机会;即便我们心知肚明,人家却并不需要我们的证明。您让我惊讶,我不知道是不是该羡慕您。您的头脑如此活跃,却又如此……怎么说呢? 却又如此节制。"

"又能如何呢? 我不想强迫自己,真诚和独立是我的信条,我不想站到任一面旗帜下边。在通往坟墓的道路上两个阵营都坚持得很好,也无须我的帮助。这种状况古已有之。在罗马的帝位争夺战中能有基督徒什么事儿呢? 有人叫他们胆小鬼,他们只是报之一笑,心无旁骛,只管虔心祈祷与传教。"

"他们致力于传教,是因为有强有力的信仰,有统一的教义。然而我们的福音书在哪里？我们可以召唤人们的新生在哪里？我们负责向世人见证的启示又在哪里？"

"那您就传播死亡的消息吧,把旧世界胸膛上的每一道新创伤、毁灭取得的每一步进展都展示给世人,将其根基之衰败、志向之卑微昭之于众,让人明白,它已经不可救药,既缺乏支撑,亦无自信,事实上已经得不到任何人的欢心,靠误会维持而已。您可以向世人说明,它的每一次胜利也都是对自身的打击,您可以传播死亡的消息,以之作为救赎临近的启示。"

"也许最好是祈祷？……双方都有牺牲者在一批批倒下来,此际向谁去宣讲呢？只有那位巴黎大主教才不明白,鏖战方酣之际所有人都是充耳不闻的。[27]那就再等等吧,等到斗争结束,那时我们再开始宣告死神的降临。在空旷的墓地上无人会妨碍我们,战士们都将在我们身畔长眠地下,而除了死者,又有谁更适合听这死亡颂歌呢？如果世事照目前的趋势发展,则这幕场景必将成真。新生的未来就要与行将就木之物一起灭亡。在撕裂奄奄一息的君主制那冰冷干瘪的胸膛之际,早产的民主制亦将悄然而逝。"

"必遭灭亡的未来就不是未来。民主制多半是现存之物,是斗争本身,是对等级制以及根深蒂固的社会欺骗的否定。它是净化之火,将焚毁一切陈腐的躯体,自然也将随着一切被焚毁殆尽并熄灭。民主制创建不了什么,这也不是它的事,随着最后一名敌人的灭亡,它本身即成荒谬。民主派只知道(用克伦威尔的话说)自己不想要什么,至于自己想要什么,他们却一无所知。"

"在我们所不欲之后蕴藏有我们对己之所欲的预感。有一种见解流传甚广,以至于让人羞于引证,而其基础正在于此。这种见解认为,破也就是某种形式的立。人不可能仅仅满足于破坏,这与其创造的天性相悖。要鼓吹死神的降临,他就得有重生的信念。基督徒就能轻松宣告旧世界的终结,当时葬礼与洗礼是同时进行的。"

"我们不仅有预感,还有某种更强烈的东西,只是我们不像基督徒那样容易满足。他们只有一个标准,亦即信仰。只要坚信教会必胜,坚信世界定将受洗,他们就会大感轻松了。他们连想都没想过,受洗的孩子并不会完全按照精神父母的愿望长大。基督教仍旧是一种虔诚的期待,现在,临终之前,恰如第一个世纪一样,它仍寄望于天上的幸福,从天堂获得慰藉,没有上天他也就完了。当代,新生活思想的构建则空前困难,因为我们没有天堂,没有'神的乐园',我们的乐园是人间的,也要在所有真实的土壤上,也就是在大地上建成。这里不能借口魔鬼的诱惑,亦不能指望神的帮助,更不能寄望于死后的生活。其实,民主也根本不会走那么远,她本身立足于基督教的岸上,充斥着禁欲的浪漫、自由主义的幻想;其中蕴藏着可怕的破坏力量,然而一旦着手建设,她就会在众多的学徒式试验和政治蓝图中迷失。当然,破坏也是在建设,因为它在腾空地面,这也是一种建设;它在清除为数众多的谎言,这也就是一种真理。但是民主中没有真正的创造,因此它并不属于未来。未来置身于政治之外,未来从所有政治与社会诉求的嘈杂之上疾驰而过,从中抽取一些丝线织入自己崭新的布匹中间,这崭新的布匹将制成过去的裹尸布,以及新生儿的褴褓。社会主义正与拿撒勒人的学说在罗马帝国的处境相符。"

"只需记得,您刚刚谈的是基督教,再作一番对比,那么很明显,社会主义的未来并不令人羡慕,它将成为一种永恒的期望。"

"而途中将激励历史,成就一个光辉灿烂的历史时期。福音并没有实现,而且也不需要。实现的是中世纪、文艺复兴、革命世纪,然而基督教融入到了所有这些现实之中，参与了一切，为之指点迷津，殷殷祝福。社会主义的实现同样是抽象学说与存在事实之间出乎意料的结合。生活仅会实现思想的某个方面，也就是找到了适宜土壤的那个方面；土壤并非被动的载体，而会捧出自己的汁液，融入自己的成分。新事物产生于乌托邦与保守主义的斗争，并不会按照彼此双方各自期待的那样进入生活，它是修订过的别样之物，其中，回忆与希望、现存之物与新确立之物、传说与实有、信仰与知识、老朽的罗马人与新兴的日耳曼人难解难分，它们通过双方都陌生的那个教会联合起来了。理想、理论体系从来不会按照您头脑里执着追求的方式实现。"

"既然如此，它们如何又是为何要进入我们的脑袋呢？这简直是讥讽。"

"可为何您企图让人脑袋里的一切都恰到好处呢？仅仅按照必需、有益、必然的要求知悉一切该是多么枯燥啊！回忆一下李尔老头的话吧，[28]一个女儿削减了他的卫队并让他相信，足够满足他的需要了，他告诉她：'关于需要，或者无虞，然而你可知道，人如果委屈到只求所需，他也就成了野兽了。'人的想象与思想比预计的要自由得多，在每一个人的心中都潜藏着丰富多彩的遐想、抒情、思绪，在某种程度上这大千世界完全独立于环境。某种震动会激活它们，于是它们就会带着自己的梦想、答案、理论醒来。思想依据的是事实资料，追求普遍标准，竭力摆脱偶然和临时的裁决，进入逻辑领域。然而从逻辑领域到实践领域极其遥远。"

"听着您的话，我在想，为何您竟会如此不偏不倚，铁面无私。现在我找到原因了：您并未被卷入激流，并未投身于这一进程。较之当局者，旁观者从来都更清醒。然而，假如您如巴贝斯、马志尼等许多人那样奔走一生；因为您内心一直回响着要行动的声音，根本压制不了,因为这个声音是从一颗屈辱的心灵中响起的,面对压迫,这颗心灵在泣血,面对暴行,这颗心灵几乎停止了跳动;假如这个声音不仅仅是回旋于思想和意识中,而是使您血脉贲张、怒火满腔,则您就会听从这个声音的召唤,与政权发生正面冲突,遭受披枷带锁的厄运,走上流亡的不归路。这样,天际突然出现了一道曙光,昭示着您期待半生的那一天终于来临,你自然会与马志尼一样,在米兰的广场上,在如雷的掌声中,用意大利语公开发表独立与团结的致辞,全然不惧白色的制服和黄胡子。假如,您像巴贝斯那样,十年监禁之后被欢呼雀跃的民众带到同一座城市的那个广场上,在那里,刽子手的一个同伙曾宣布您的死刑,而另一个同伙随即宣布赦免您,改判终身监禁;²⁹在这一切之后您看到了自己思想的实现,听到了二十万民众的欢呼;民众高呼:'共和国万岁!'以之欢迎受难者;然而此后您又不得不看到拉杰茨基在米兰、卡芬雅克在巴黎大获全胜,您只得再次成为流亡者、囚徒。如此一来,您就无法将一切归咎于物质的、野蛮的力量,从而获得安慰了,相反,您就会发现,人民自己背叛了自己,您就会发现,还是那些民众,现在却甘愿把刀交到对头手里了。那时,你就无法不温不火、有根有据地去论述思想是多么必要、自由的界限在哪里之类的问题了。不,您就会诅咒这些乌合之众,爱就会变成恨,或者更糟,变成蔑视。或许,您就要卷起自己的那一套无神论退隐修道院了。”

“果真如此,只能证明我同样虚弱无力,证实所有人都是虚弱无力的;证明思想不仅对世界毫无必要,而且对人本身也毫无必要。不过,很抱歉,无论如何我不能让您把我们的谈话归结到人性上。我要指出一点:不错,我是一名观众,只是这既非我的角色,亦非我的天性使然,而是处境如此。我理解了这一点,实为幸运。找时间再谈谈我自己吧,现在我不想跑题。您觉得,我肯定会诅咒人民的,或许吧,但这样做实在糊涂得很。人民,群众,这是自然力,是汪洋大海,他们的道路也就是自然的道路,他们是自然最亲近的继承人,受蒙昧的本能、不自觉的激情驱使,惯于固守所获,哪怕是一堆糟粕。而一旦投身运动,他们就会不可抗拒地席卷一切,或者踩死沿途遭遇的一切,哪怕是好东西。他们滚滚向前,恰如那个著名的印度神像,所遇之人统统要扑倒在他的双轮战车之下,[30]而第一批被碾压之人总是那些最虔诚的信徒。① 责难人民毫无道理,他们是对的,因为他们从来都与自己昔日的处境一脉相承。善恶之责一概不由他们背负,他们就是实际的存在,正如丰收或歉收,橡树或谷穗。责任多半要由少数人负责,因为这些人代表着时代的自觉思想,不过即使这些人也无可厚非。总之,除了法庭,司法观点根本无处适用,正因为此,世上所有法庭都毫无用处。理解加非难同样极其荒谬,与混沌无知中大加挞伐几无二至。过往无数世纪的历史发展、全部文明似乎都是为了少数人而设,他们的高度智慧是以牺牲他人的鲜血和智力为代价的,结果是他们遥遥领先,远远脱离了野蛮、愚昧的劳苦大众,然而这些少数人何过之有? 这与功过无涉,这是历史悲剧、不幸的一面而已。富人不能为他在摇篮中就已获得的财富担责,穷人亦不能为自己的贫困担责,二者皆为不公正与宿命所辱。人民苦难重重,饥饿悲愁,饱尝凌辱,如果我们有权利要求他们接受我们不公正的束缚,承认我们的优越地位、修养,只因我们于此并无过错,只因我们正自觉消除不自觉负有的罪过,那么我们又有何勇气去责骂、鄙视人民? 难道不正是因为人民依旧在充当卡斯帕尔·豪泽尔,[31]以便我与您可以阅读但丁、倾听贝多芬吗? 独占阐释之权,再因为人民不理解我们而鄙视他们,这实为暴虐,丑恶之极,卑

---

① 指扎格诺特神像,为印度教神祇克利须那的称号,在为其举行的庆典中,其神像被载于巨车或大型马车上,许多信徒甘愿身死轮下。——译注

鄙之至。需记得真相:有教养的少数人长期享受着自己的绝对地位,在自己贵族的、文学的、艺术的、政府的圈子里自得其乐,终于受到了良心的谴责,于是他们记起了被遗忘的弟兄,社会制度不公,人人平等,这些思想像电火花一样一下子闪现在上世纪所有最优秀的头脑中。人们只是书面上、理论上明白了不公,也试图从书面上加以纠正。这一迟到的少数人的悔过被称作自由主义。他们真心诚意地希望补偿人民所受的千年屈辱,宣称此乃专制之祸,要求每一位农夫都摇身一变为政治人物,理解半自由半奴役式法律体系中那堆乱七八糟的问题,放下自己的劳作,也就是抛弃手头那一小块可怜的面包,于是,新的辛辛纳图斯就会横空出世,积极参与社会事务了。至于不可或缺的面包,自由主义从未认真思虑过。它太罗曼蒂克了,完全无意烘烤这些粗俗的必需品。自由主义更易于臆造出一个人民,而非研究人民。自由主义者因爱而污蔑人民,绝不亚于他人因恨而污蔑人民。自由主义者先验地杜撰了一个人民,依据回忆、书本勾画了一个人民,扮之以罗马托加①及牧人的盛装。对真正的人民他们则关注甚少,而后者就在他们身前身后生存、劳作、受苦;如果说有人真正了解人民的话,那恰恰是人民的对头们,也就是神甫和正统派。人民的命运一如往昔,可是臆造的人民却成为新政治宗教的偶像,曾用来涂抹帝王前额的橄榄油,现在涂到了那黝黑而满是皱纹和苦涩汗水的额头。自由主义既没有解放人民的双手,更没有解放其头脑,只将之推上了王座,毕恭毕敬,同时竭力将权力依旧牢牢控制在自己手中。人民则自行其是,正如其代表之一,桑丘·潘沙所干的那样——他放弃了虚假的宝座,或者最好说是根本就未曾就座。[32]我们开始理解双方的虚妄了,也就是说,我们正在走

---

① 古罗马的男外衣,以一块布从左肩搭过缠在身上。——译注

上正道,并将指示给所有人,但是,转身回顾之时,我们缘何要辱骂不休?我不仅无意指责人民,也无意指责自由主义者,他们大多按照自己的方式热爱过人民,曾经为了自己的思想牺牲了很多,这永远值得尊敬,只是他们所走的是一条虚妄之路。可以把他们与从前的自然科学家相提并论,后者对自然的研究始于标本、博物馆,也终结于此;他们关于生命的知识,无外乎尸体、死亡的躯壳、生命的遗迹。终于有人悟到应背上行囊上山入海,捕捉真实的自然和生命,崇敬和荣耀应归于这样的人。然则何以要用他们的光荣和成就去推动前辈的劳动呢? 自由主义者永远是大都市和小圈子的居民,是活在杂志、书籍、俱乐部里的人,对人民一无所知,他们是对人民做过深入研究,但依据的是历史文献、文物,而不是乡村、市场。在这方面我们或多或少都有过失,由是而生出种种隔阂、妄想、懊丧,直至绝望。设若您熟悉法兰西的内在生活,您就不会惊讶了:人民竟然愿意投票支持波拿巴。您就会明白,法兰西人民没有一星半点关于自由、共和的观念,却有着强烈的民族自尊心。他们喜欢波拿巴们,而无法忍受波旁家族。波旁家族让他们想起了徭役、巴士底狱、贵族,波拿巴家族则与老人们讲述的故事、贝朗瑞的诗歌和胜利联系在一起,尤其是与一种回忆分不开:同为农民的邻居,摇身一变成为将军、上校,胸佩荣誉军团勋章,荣归故里……于是乎邻人之子就会赶紧去投那位侄子一票了。"[33]

"当然,是这样。奇怪的是,既然他们的记忆力那么好,他们何以竟忘了拿破仑的独裁、征兵制、省长们的专横呢?"

"非常简单,于人民而言,独裁不会成为帝国的特殊标记。于他们,迄今为止所有政府都是独裁。比如,为了取悦《改革报》派,为了《民族报》派的利益而宣布成立了共和国,人民却认出了它的面目——他们依据的,是45生丁税,[34]大批的驱逐出境,还有,就是不给贫困的劳工发放进入巴黎的通行证。[35]总之人民的语文很糟糕，'共和国'这个词不能哄他们开心，不能让他们感觉更轻松些；'帝国''拿破仑'这些词倒可以让他们情绪激昂，他们不乐于走得更远。"

"如全用这种眼光来看待世事，则我自己也会开始考虑，不仅要不再恼怒，停止做任何事，甚至不再会有行动的愿望了。"

"我认为，我已跟您说过，理解本身就是行动，是落实。您以为，一旦明了世事，就会丧失行动的愿望，这实际上是说，您并非想做理所应当之事。那样的话不如去找一份其他工作，找不到外部的，那就找一份内在的。有事可做，却什么也不做，这样的人很奇怪；然而，无事可做却忙忙碌碌的人同样很奇怪。劳动不是给小猫闲耍的线团，也绝不仅仅取决于愿望，而且要取决于对它的要求。"

"我从未怀疑过，思考从来都是可以的，也从未把迫不得已的无所作为同心甘情愿的麻木混为一谈。不过，我预见到，您的结局就是自我安慰——流于空谈，无所事事，总是用理智克制心灵，用批判抑制博爱。"

"要以行动参与我们周围的世界，我再跟您重复一遍，仅有愿望和博爱是不够的。这些都还是含糊不清、暧昧不明的概念。什么叫爱人类？人类本身又是什么呢？这些都让我觉得像是从前基督教的那套美德，在哲学的炉灶上翻抄了一遍而已。人们会爱同胞，这可以理解，可是，所谓拥抱一切已非猿猴者，从爱斯基摩人到霍屯督人，[①]再到达赖喇嘛和教皇，此种大爱究竟为何物，我实在闹不明白……太过宏大了。如果它也就是我们用来爱自然、星球、宇宙的那种爱，则我并不认为它能特别积极有效。引导您行动的莫非是本

---

① 西南非洲的一个民族。——译注

能,抑或是对您所置身环境的理解？您的本能已丧失殆尽,那就丢掉您的抽象知识,在真理面前忘掉自我,去理解她,那时您就会明了,哪种行动是必要的,而哪种毫无必要。您希望在现有秩序中从事政治活动的话,那就去做马拉斯特,去做奥迪隆·巴罗,您会如愿的。然而您并不想这样做,您觉得,但凡正派人必是任何政治问题的局外人,必不善认真思考问题,如共和国到底需要还是不需要一位总统？议会是否可以不经法庭审判就将人送去服苦役？或者最好是这样的问题:是应该支持卡芬雅克还是路易·波拿巴？您就努力去思考他们谁更好吧,一个月也罢,一年也罢,您不会有主意的,因为他们,用儿童的话说,'一个比一个坏'。人如果自重,所能做的就只能是根本不去投票。您看看日程上的其他问题——都是那一套。'他们已经归属诸神了',死神已近在咫尺。应邀来到濒死之人身边的神父要做什么？他既不试图医治,也不反驳垂死之人的呓语,而只为其宣读送终祈祷。您就宣读送终祈祷吧,宣读死亡判决吧,这个判决的执行已经不可以日计,而要以钟点计了。您可一劳永逸地坚信,所有罪人都在劫难逃:无论是彼得堡沙皇的专制,还是市侩共和国的自由,而无论彼此都无须惋惜。最好去说服那些浮躁、浅薄之辈,这些人会为奥地利帝国的败落鼓掌欢呼,也会因半拉子共和国的命运而惊慌失色。去告诉他们,所谓共和国的败亡同样是迈向各民族和思想解放的伟大一步,正如奥地利的衰败一样。让他们知道,不应有任何例外,不应有丝毫怜惜,因为宽恕的时机未到。您可以直接用自由派反动分子的话,所谓'特赦乃未来之事',不是要求博爱,而是要求痛恨一切充塞道路、阻碍前进之物。是时候了,应该把所有发展与自由之敌用一根绳子绑起来,就像他们捆绑囚犯一样。然后带他们游街示众,好让人人看到这环环相护的链条——法兰西的法典和俄罗斯的法典,卡芬雅克和拉杰茨基,这将是一种伟大的教导。如今,在一系列的暴风骤雨般的事件之后,谁依然不愿清醒过来,而且永远也不会清醒了,誓将身作自由主义的某种托根堡骑士而死,将像拉法耶特那样? 恐怖统治杀人如麻,我们的使命则容易些。我们的使命是消灭那些制度,摧毁信仰,让人们不再对旧事物抱有希望,消除偏见,审判昔日所有神圣不可侵犯之物,毫不妥协,毫不容情。我们的微笑、问候只献给新生之物,献给黎明。如果我们无力推动其早日降临,则至少可以向那些未见之人指明,时日已近。"

"就像旺多姆广场上的那个贫苦老头,成夜向路人推荐自己的望远镜,好看看遥远的群星?"

"你的对比非常好,正是要向每一个经过之人展示,惩罚的浪潮越来越近了,其势日益汹涌澎湃。同时指给他们看,方舟的白帆……就在远方的地平线上。这就是您的事业。当一切沉没,一切无用之物消失并消亡在苦咸的海水里之后,海潮将开始回落,幸存的方舟会停泊下来,那时人们将会有别样的事干,有很多事干。现在无事可做!"

巴黎,1848 年 12 月 1 日

五、何以解忧①

人非生而自由的[1]
——歌德(《塔索》)

巴黎郊外我最喜欢的地方是蒙莫朗西。那里并没有会一下子
跃入眼帘的东西,既没有圣克鲁那些刻意维护的公园,也没有特里
阿农那些用原木精心打造的小客厅,却让人流连忘返。蒙莫朗西的
自然极其朴素,恰如某些女性的脸,不是让人蓦然止步,惊羡不已,
而是以一种亲切、坦率的神情吸引住人的目光,而且这一切是不知
不觉中发生的,因而愈加让人留恋。这样的自然和这样的面庞总有
某些让人心动、给人慰藉的东西,而现代人的心灵饱经震荡、撕扯,
焦躁不安,最需要的正是这份宁静,这滴赐予拉萨路的神水。[2]我多
次在蒙莫朗西获得休整,因此深怀感激。那里有一大片树林,地势
足够高,那份宁静更是巴黎郊外其他地方所没有的。不知道为什
么,我总觉得,这片树林有些像我们俄罗斯的森林……你走着,想着
……突然间飘来了谷物干燥房浓浓的烟味,一座村庄于是就展现在
眼前了……另一边当有一座老爷的庄园,通往那里的道路穿过林
间,应该也会宽一些。您相信吗? 我突然倍觉伤感,因为想起几分
钟后就会走到开阔地上,在那里,看到的将不是兹维尼哥诺德,不是

---

① 原著本章标题为拉丁文:CONSOLATIO,意为安慰,抚慰。——译注

当地老爷或者教士的窗户,却是巴黎,是让－雅克曾经久久伫立其后,忧郁凝望的窗户……

有一次,我们正碰上两个人,看样子是旅行者,从树林中走向这幢房子。女士二十五岁左右,黑色衣裙,而男子是中年人,头发却已灰白了。他们神情严肃,简直可以说是静穆。专注的习惯,还有好思而饱经沧桑的生活会赋予面容以这种静穆感。这并非天生的宁静,而是风暴之后、斗争之后和胜利之后的宁静。

"这就是卢梭故居,"男子指着那幢大概有三扇窗户的小房子说。

他们停了下来。一扇窗户微开,窗帘在风中摇摆。

"窗帘在动,"女士指着说,"让人不由得感到恐惧,似乎那个多疑而忿忿不平的老人会一把扯掉它并责问我们为什么站在这里。看着这幢绿荫环抱的宁静小屋,谁会想到它竟是一个伟人的普罗米修斯山岩?这个人的全部罪过就在于,他太爱人,太相信人了,甚至希望人们得到比其所期望的更多福祉。同代人不能原谅他,因为他说出了那些谴责他们良心的秘密,于是他们就用做作、不屑的哄笑来抬高自己,让他饱受屈辱。他们把博爱、自由的诗人看作疯子,害怕承认他是理性的,因为这就意味着承认自己愚蠢。他却为他们哭泣。终生忠诚,还有热情相助、爱并被爱、解放……如是种种热烈的愿望,换来的却只有匆匆一顾,惯常却只有冷淡、狭隘、傲慢、迫害和诽谤!他天生忧郁、柔弱,不可能对这些琐事视而不见,于是,在被所有人抛弃之后,他在贫病交加中消沉了。他渴望共鸣,渴望爱,而得到的只有一个泰勒萨。只有她,泰勒萨,这个学不会看钟点的女人,这个智力低下、满脑子偏见的人向他倾注了温情,奉献了全部的心灵。也正是她让卢梭变得狭隘、多疑,陷入飞短流长的小市民生活不可自拔,直至使得他同最后的朋友失和。他倚着这扇小窗度过了多少痛苦不堪的时刻啊！他在窗口喂食小鸟，一边却在想他们会给他罗织出什么罪名！可怜的老人剩下的只有自然了，他只能在对自然的赞叹中合上因生活而疲惫不堪、因泪水而沉重无比的双眼。据说，他甚至主动让寂灭时刻提前降临了……这一次，苏格拉底本人以理智罪、天才罪判处了自己死刑。只需认真看看周围发生的一切，生命就会变得难以承受。尘世上，一切都卑劣而愚蠢，人们忙忙碌碌，扰攘不休，一刻不闲，而所作所为尽是荒唐无谓之事。有人想导其智、止其行、救其心，这些人却被折磨、被迫害，而这一切都是在某种谵妄中进行的，人们从未试图去理解。浪涛汹涌，起伏跌宕，滚滚向前，没有目的，也没有需要……它们狂暴地扑向山岩，席卷海岸……我们正身处漩涡的中心，在劫难逃。我知道，大夫，您并不如此看待生活，生活并不让您恼火，因为您只寻求其中的生理学兴趣，且对生活所求甚少，您绝对是一个乐观主义者。有时候我会赞同您，因为您用辩证法把我搞糊涂了，然而一旦心灵开始观照，一旦离开一切都解决了的、静寂的普遍领域，接触到活生生的问题，一旦你开始注视人群，心灵就难免激愤不已。短暂熄灭的怒火就又被点燃了，你就会只怨自己没有足够的力量去憎恨、去蔑视人们冷酷无情，却不愿站得高一些，变得高尚一些……恨不得能切断与他们之间所有的瓜葛才好！就让他们在自己的珊瑚礁堡里为所欲为吧；让他们一切如故，靠习惯和程式生活，懵懵懂懂地坚信什么该做什么不该做……却又在精神生活的每一步都背叛自己的基本信念去吧！"

"我不认为您这样说是公正的。您自己信任他们，赋予他们的精神品格以理想的观念，难道他们要为此负责、承担什么过错吗？"

"我不懂您的话，我说的是完全相反的东西。我觉得，如果有人说，人们只会折磨先知，在先知死后又要徒然懊悔，此外一无所能，说人们随时准备像野兽一样扑向那些试图改造其良心、指出其应为之事的人，扑向那一肩担下众人的罪愆、试图唤醒众人良知的人，那信任就并未占上风。"

"不错，可您是否忘了您愤怒的根源？您为人们没有做很多事情而气愤不已，因为您认为他们足堪拥有这些优秀品质，就像您赋予自己或者说您被人赋予了这些品质一样，但是他们大多并未获得过这种发展。我不会为此气愤不已，因为除了人的所作所为之外，我根本就不再期待他们有什么。我既无理由，也无权要求他们去做超出自身能力范围的事；他们能做的也就是他们一贯所行的，要求更高，谴责他们都是错误，是强迫。人们只有对疯子和彻头彻尾的傻瓜才是公正的，至少，我们不会因为他们糟糕的大脑结构而谴责他们，我们会原谅他们的天生缺陷，而对其他人却要提出可怕的道德要求。为什么我们指望大街上随便什么人都具有典范的品质、非凡的理解力呢？我不知道，或许，是因为理想化一切、抽象评判一切的习惯吧，就像往往会根据死的字母去评判生活，根据规范评判激情，根据血统观念来评判具体的个人一样。我的方式则不同，我习惯用一个医生的眼光来看，与法官的眼光完全相反。医生生活在自然之中，生活在事实与现象之间，他不是教导，而是要学习；他不是报复，而是要努力缓解。目睹痛苦、缺陷，他会去寻找原因、联系，他从那个真实的世界中寻找解决之道。如果没有，他会沉重地耸肩，责难自己无知，而不会试图惩罚、抱怨他人，不会四处指摘。法官的眼光则简单得多，老实说，他根本就不需要什么眼光。难怪忒弥斯①总是蒙着双眼示人，她所见愈少就愈公正。我们的兄弟恰恰相反，恨不得让手指和耳朵都具备视力。我不是乐观主义者，也不是悲观主义者，我只是观察，环顾四周，没有事先预备好的主题，没有臆造

---

① 希腊神话中司法律和秩序的女神。——译注

的理想,更不急着去判决——我,请原谅,不过是比您谦逊些。"

"我不知道是否正确理解了您的意思,不过我觉得,您认为,卢梭的同代人用种种小伎俩折磨他,破坏他的生活,诋毁他,这一切都很自然;您宽恕他们的罪过,宽厚得很,但我不知道这有多公正,又在多大程度上合符道义。"

"要宽恕罪过,就得先有谴责,而我却从未有过。不过,我就采用您的词语吧,是的,我宽恕他们所背的恶名,就像您会宽恕寒冷的天气一样,尽管近来它让您的小宝贝感冒了。能因那些不依赖于任何人意志、意识的事情生气吗?有时它们的确会让我们备受煎熬,可是谴责无济于事,只会把一切搞得更乱。同您一起坐在病人小床边的时候,她的热病如此严重,连我都吓坏了;我痛苦地不时看看病人和您,那几个钟头里您显然饱受折磨。然而,我那时没有去诅咒血液的粗劣构成,也没有去憎恨有机化学的规律,而是在思虑别的事情,即理解、美感、爱与眷恋的可能如何必然引起相反的可能:不幸、苦难、损失、精神屈辱、苦痛。内在生活愈是温情脉脉,则偶然性的变幻莫测于之就愈加残酷、致命,然而它并不为此打击负任何责任。"

"我并没有怪罪于疾病。您的对比不尽恰当。自然根本不具有意识。"

"而我以为,对半自觉的民众同样不能怒目而视。他们处于预感到光明与习惯黑暗的斗争状态,你应该认识这种状态。您把特别成功的温室花朵作为标准,却忽略了它们背后必需的无数精心呵护,现在又因田野之花不那么好生气。这不仅不公正,而且很残忍。假如大多数人的意识多少清晰一些,难道您以为他们会欣然接受目前的状态吗?他们伤人,更伤己,正因这一点他们当得到宽恕。他们受习惯支配,可能会在井边渴死,却至死想不到井里就有水,只因为父辈没有告诉过他们。人们从来如此。到了无须惊异、愤怒的时候了，早自亚当时代就当习以为常了。那与诗人的浪漫相同：浪漫主义让诗人懊恼不已：自己竟然会有一具皮囊，会觉得饥饿。你只管怒不可遏，但世界不会按照某个计划而改变，它走着自己的路，谁也无力让它离开既定路线。去认识这条道路吧，您可能就会一改道德训教的立场，也就获得了力量。用道德去评价、责备世事和世人，这属于观念的初级阶段。发放蒙第庸奖金，[3] 宣读申斥书，从而把自己当作道德标准，如此这般不过是让自尊心得到满足罢了——实则于事无补。有人试图把这种观点纳入自然本身，赋予不同兽类以美名或恶名。比如，看到兔子在竭力逃脱杀身之祸，他们就称之为胆小鬼；而看到比兔子体型大二十倍的狮子见到人并不逃跑，甚至有时会把人吃掉，他们则会认为狮子勇敢；而看见饱餐之后的狮子不吃不喝，就会视之为心灵高贵；而且兔子有多胆小，狮子就有多高贵，驴子就有多愚笨。不能再停留于伊索寓言的观点上，应该更简单、更平静、更清晰地看待自然世界和人类世界。您谈到了卢梭的痛苦。他很不幸，这是事实，但痛苦也总伴随着非同寻常的发展，这也是事实。天才有时候不用受苦，可以专注于自身，在科学、艺术中自得其乐；然而在实践领域无此可能。事情很简单：这类天才一旦进入普通的人际关系之中，就会打破平衡，于之而言，包围他们的环境太过狭小，不堪忍受，为另一种体型量身裁制、也为那种体型所必需的种种联系让他们备受束缚。许多东西只是让一些人略感压抑，会被评头论足，却会被一般人顺从，然而这一切却会成为强者胸中不堪承受之痛，激起可怕的抗议、公开的敌视，会成为英勇战斗的召唤，于是，他们与同代人不可避免的冲突就爆发了。民众看到自己所遵循的东西遭到蔑视，就向天才扔石头、泼污水，直到明白天才是正确的为止。天才比民众站得高，他何错之有？民众不理解天才，又何错之有？"

"那么您把人的,而且是多数人的这种状态看作是正常的、自然的了？你认为,这道德的沦丧,这愚蠢竟都是应该的了？您是在开玩笑！"

"又能怎么看呢？没有人强迫他们这么做,他们朴素的意志如此。总体上,人们在实际生活中比在言辞上虚饰要少些。他们心地质朴,最好的证明就是,一旦明白自己所犯何罪,他们就会真心悔过。钉死基督后,他们悟到自己所行之事极其卑劣,于是就拜倒在十字架前。您所说的道德堕落,如果指的不是背叛,所指为何,我不明白。从何处堕落？愈往前看,愈能发现更多的野蛮、无知,或者根本就是另一种类型的发展,与我们几乎毫无关联。你还会发现更多夭折的文明,更多类型的中国式道德;长期的社会生活能规训出相应的头脑。这种规训进展困难而缓慢;现在不去承认这一事实,反而怒斥众人,说他们既不像斯多葛派臆造出来的智者范本,又不像基督徒臆造出来的圣徒模子。数代人埋骨地下,才终于成就了一块宜居之地;斗争持续了数个世纪,血流成河,数代人苦难重重,徒劳无益,在艰苦的劳作中成批死去……人们方才勉强维持着一种贫困的生活,一点点安宁,并产生出那么五六颗聪明的脑袋。这寥寥数人不过刚刚理解了社会进程的大写字母,并开始鼓动民众去实现自己的命运。在重重压迫之下,人民竟然达到了现代的精神状态,具备了忘我的耐力,过上了宁静的生活,应该为此感到惊异才是;同样应该感到惊异的是,人们竟然甚少作恶。不应相反,责问为何并非人人都是阿里斯蒂德,不是杜塔僧西蒙。"

"大夫,您在试图让我相信,人是注定要成为骗子的。"

"请您相信,人没有被预先规定任何东西。"

"那他们为何而活呢？"

"没什么目的,人出生了,于是活着。为什么万物会存在？我觉得,此乃极限问题。生命既是目的,也是手段,又是原因和剧情。这是活跃、紧张之物永恒的躁动,它在寻找平衡,以便再度失衡;这是从不间断的运动,也是最后的、决定性的理由,再往前就无处可去了。起初,为了一探究竟,人们或直上九霄,或沉潜深渊,不惜上下求索,可是一无所获——因为主要的、本质的东西其实就在这里,在表象上面。生命不是在达到什么目的,而是在实现一切可能,并延续已经实现的一切。它随时准备迈步前行,以便活得更丰满,收获尽可能丰富,此外别无目的。我们常常把某种惯常发展阶段的延续错当成目的,我们以为,儿童的目的就是长大,因为他在逐渐成年,然而儿童的目的乃是游戏、快乐,是当一名孩子。如果一定要展望极限,那么所有活物的目的就是死。"

"您忘记了另一种目的,大夫。这一目的是由人们培育发展的,但将比任何人都活得更长久,而且会在不同的种族之间相传,世代枝繁叶茂。正是在这未脱离人类整体的、非个别人的生活中那些始终不渝的渴望得以显现出来,人正是朝着那个方向前进,奋力攀登,而且终有一天会实现它的。"

"完全同意您的意见。我甚至也刚刚说过,头脑是逐渐培植而成的;思想的数量及其内涵会在自觉的生活中逐渐成长起来,会在不同的种族间传递。不过,您最后的那些话,请允许我表示怀疑。人的渴望也好,忠诚也好,无论如何都还不能是实现的条件。就拿最普遍的现象说吧,所有时代、所有民族最一贯的渴望就是富裕。在所有有感觉的活物身上,还隐藏着一种渴望,即增强自我保全这一朴素的本能,天生希望远离招来痛苦的一切祸根,追求愉悦,天真地希望更好、而不是更坏等。然而,人类数千年劳作,甚至没能达到动物式的富足。我认为,就比例论,较之任何野兽、任何动物,俄罗斯奴隶受的苦都更多,而爱尔兰人则饿死的更多。由此您尽可得出结论,属于少数人的、不确定的另类渴望是否可能轻易实现。"

"对不起,为了自由和独立挨饿是值得的——这份渴望不仅并非微不足道,而且确定无疑。"

"历史的昭示并非如此。准确说,应该是一些在特别幸福的环境中成长起来的社会阶层具有某种向往自由的愿望,而且,说到底,较之几千年的奴役史和现代国家制度,这一愿望根本谈不上强烈。当然,我们谈的不是那些非凡的高修养群体,于他们而言奴役的确不堪忍受。我们谈的是大多数,正是这沉默的大多数总会驳斥那些受难者,使得卢梭愤而说出了自己著名的悖谬:人是生而自由的——却无往不在枷锁之中!"[4]

"您在以讥讽的口吻复述这愤怒的吼声吗?这可是从一个自由人的胸膛里迸发出来的怒号!"

"我在其中看到的,则是践踏历史、蔑视事实。这一点我不能容忍,这种主观独断让我感到屈辱。这种方式先入为主,遗患无穷,恰是症结之一。您怎么跟人们说呢?他们会忧伤地摇摇头,向您指出:'鱼是生而飞翔的——却无往不浪游在水中'。"

"那我就会问,他凭什么认为鱼是生而飞翔的?"

"您严厉起来了,不过鱼类的朋友乐意给您答案……首先,他会告诉您,鱼类的骨架显然表明,它们渴望进化出双脚或者翅膀;他能够把那些完全无用的小骨头指给您看,而在骨架上这些小骨头则意指为双脚、翅膀;最后,他将援引飞鱼为例,这种鱼类以事实证明,鱼类不仅向往飞翔,而且有时候还真能飞起来。给了您这个答案之后,他完全有权利问您,您怎么不让卢梭解释,鉴于人一直带着锁链,为什么他要说人应是自由的呢?凭什么所有存在之物都要按照它应该存在的方式存在,而人却要相反呢?"

"您啊,大夫,您是一个极其危险的诡辩家,如非我对您多少有些了解,我简直会觉得您是一个道德极其败坏的人。我不知道,鱼竟然会有那些多余的趾骨,我只知道,它们在骨骼方面并无缺陷。至于人衷心渴望独立,向往无论何种自由,这一点我坚信不疑。人们因生活琐事淹没了内在的呼声,因此我对他们恨恨不已。我对人的责难,比您的辩护更让人快慰。"

"我就知道,一番唇枪舌剑之后您我将对换角色,或者,最好说是您将绕过我,不知不觉地出现在对面。您满怀愤怒,试图逃避人群,因为他们不能登上道德之巅,不能独立,不能达到您那些理想。同时,您又视民众为被关怀的孩子,相信他们很快就会复原并且变得足够聪慧。我却知道,人们前行缓慢,我既不相信民众的能力,也不相信他人为之臆想出来的种种志向,因此我置身其中,正如我置身这些树木和动物之中一样,研究他们,甚至爱他们。您先验地①看待一切,说人应该追求独立,或许,逻辑上是正确的吧。我则用病理学的眼光观察并发现,奴隶制至今仍然是人文发展的常备条件,如此一来,或者它是必要的,或者它也不像乍看起来那么面目可憎。"

"我同您都在认真地观察历史,为何看到的却总是不同的东西?"

"因为你我所论本就不同:说到历史和人民的时候,您指的是会飞的鱼,我指的则是鱼的总体;您注视的是脱离世事的思想世界,是一系列能代表每个时代意识发展顶峰的活动家、思想家,是那些轰轰烈烈的时刻,是时地上万国突然都挺身而起,民众一下子皈依了某种思想,以便在以后的数百年中无声无息地铲除它。您把这些伴随着各民族成长的剧变、这群特殊的人当成了一般事实,然而这只

———————————————

① 原文为拉丁文。——译注

是上层的事实,是极限。少数精英意气风发,踩着他人的头顶奔驰,一代代传递着自己的思想、志向,而这一切却同麇集其下的民众毫无关系。精英们只是有力的证明,说明人的天性可以成长到什么程度,特定环境能够激发起多么巨大的力量,然而所有这一切绝不属于民众,绝不属于所有人。譬如一匹阿拉伯骏马,它是历经二十代精心培育的结果,健美异常,但绝不意味着可以期待整个马类都能有此体格。理想主义者执着于一己之意图的实现,全然无视条件如何。人的美若天仙与丑若鬼怪一样,都是极端的例外。看看周日群集在香榭丽舍大道上的小市民吧,您就会豁然省悟,确信人性本非美善。"

"这个我知道,那些油光闪亮、涂脂抹粉、傲慢无礼的面孔一点都不让我惊讶,只能让我厌恶。"

"如果有人因马不如鹿漂亮而耿耿于怀,您会笑他吧?于卢梭,当时荒谬的社会制度是难以忍受的。与他接近的那一小群人修养甚高,虽然他们还缺乏足够的才赋,不能指明那压抑自己的恶,但毕竟响应了他的号召。这些人离经叛道,拥护他的主张,并在92年形成了山岳派。他们为了法国人民而斗争,几乎全部牺牲了,人民的要求却非常简单,并且同意处死他们,毫不怜惜。我甚至不愿把此举称作忘恩负义,因为这些人的所作所为并非全然是为了人民的。我们想解放自己,看见民众受压迫,我们很痛苦,民众所受的奴役令我们感到耻辱,我们因此饱受折磨,于是试图摆脱这份折磨,这有什么好感激的?难道18世纪中期的民众真想要自由和社会契约吗?要知道,直到今天,卢梭之后整整一个世纪过去了,国民公会成立也有半个世纪了,对此诉求民众仍然无动于衷,相反,在今天狭小沉闷、鄙陋龌龊的社会风习中他们却如鱼得水。"

"全欧的骚动与您的见解很难相符。"

"鼓动人民的暗潮源于饥饿。只要无产阶级稍微富足些,他们根本就不会去想什么共产主义了。小市民们衣食无忧了,财产保全了,也就丧失了自由、独立的兴趣;相反,他们想要一个强有力的政权。如有人愤怒地通报他们,说某某杂志被查封了,某某人因为散布什么观点被捕入狱了,他们就会欣慰地微笑。这一切会让少数非主流人士发狂、愤怒,其他人却熟视无睹,只知道忙忙碌碌,蝇营狗苟,尽都做居家之人。当然,绝不能就此说,我们无权要求彻底的独立,只是说,如果民众漠视我们的不幸,也没什么好斥责他们的。"

"是这样,但是,我觉得,您过于执拗于算术问题。这里重要的不是人头,而是精神的力量,这才是优越性①所在。"

"说到实质性优势,我要将之完全奉送给某些强大的个人。于我而言,亚里士多德并非仅仅是时代力量的集大成者,而是远甚于此。人们花了两千年去刨根问底,以最终理解其言辞的含义。记得吧,亚里士多德称阿纳克萨戈拉是酗酒成性的希腊人中第一位清醒者,⁵那亚里士多德则是最后一位。在他们之间加上一位苏格拉底,您就有了一份培根之前的全部清醒者名单。很难根据这么点儿零星例外去指摘民众。"

"科学向来都是少数人的事情,只有那些严肃、非凡的智者才能进入这一抽象领域。如果说您在民众中间遇不到特别清醒的人,那总能找到有些灵气的沉醉者吧;这些人对真理抱有极大的好感。民众曾经不理解塞内加和西塞罗,然而却怎样响应了十二使徒的召唤啊!"⁶

"要知道,据我看来,不论多么同情他们,都必须承认,他们彻底失败了。"

"不错,才让半个世界受了洗。"

---

① 奥古斯丁使用的是"prioritas dignitatis"(拉丁文,首要优点)。——作者注

"历时四百年的斗争,加上六百年的极度野蛮状态,奋斗千年之后,世界终于受洗了,然而圣徒们的学说却已荡然无存。解放众生的福音书被用来炮制了压迫众生的天主教,仁爱与平等的宗教被改造成了好战嗜血的教会。古代世界生命衰竭了,土崩瓦解,基督教以医生和临终安慰者的面目出现在它的病榻前,而在处治病人的过程中,它自己也被感染了,变成了罗马式的,或者野蛮的,随便您怎么称呼好了,但绝非福音书式的。世代相传的生活、民众和环境的力量多么巨大! 人们以为,要让众人接受真理,只需像证明数学定理那样证明它就够了;而要让众人相信真理,也只需自己相信就够了。事实完全不同。一部分人在宣讲,其他人呢,听着听着就让这些话走了样,因为这两群人所处的发展阶段不同。第一代基督徒宣扬的是什么? 而群众理解的又是什么? 群众理解的恰是那些不可理喻的东西,那些荒谬和神秘的东西;而那些简明、朴素的真谛却一点儿都没能掌握。群众接受了所有束缚良知的规条,却丝毫没有接受解放人心的内容。后果是,群众把革命仅仅理解成血腥镇压、断头台和复仇;痛苦的历史必要性变成了胜利的欢呼,'博爱'一词与'死亡'一词开始密不可分了。'非友即死!'①成了恐怖分子版的'要钱还是要命。'②且不说我们自己阅历甚广,先辈又为我们积累了多少丰富的经验啊! 最后呢,我们却开始不可原谅地沉迷于一个念头,以为只要向罗马世界宣告福音,就足以将之改造成社会民主共和国,简直与'红色'使徒们勾画的蓝图一模一样。我们竟以为,只需印上一些薄薄的'人权'图册,人就能成为自由的了。"

"请告诉我,您为何只去翻晒人类天性中愚蠢的一面呢?"

"您本是从无情诅咒众人开始谈话的,现在却要捍卫他们了。

---

① 原文为法文。——译注
② 原文为法文。——译注

刚才您还在指责我乐观，那我现在可以回敬给您了。除了真实之外，我不持任何体系，任何意义，而且，真实如何呈现在我面前，我也就如何去表现它。因为敬重人类就为其生造出一些美德和高尚品质，我认为这毫无必要。我憎恶那些我们习以为常的辞藻，就像基督徒憎恨偶像崇拜一样。不论它们表面上看起来多么崇高，多么美好，实际上都是在束缚思想，凌辱思想。我们坦然无疑地接受了它们并继续前进了，让这些虚幻的灯塔在身后照亮我们的前程，于是偏离了正道。我们太习以为常了，以至于一向失去了怀疑它们的能力，甚至以触犯那些圣物为耻。您是否想过，所谓'人生而自由'之语，其意何在？我给您翻译，亦即：人生而为兽——此外无它。譬如野马群，群内是完全自由的，而且权力均等，是彻底的共产主义；然而发展同样是不可能的。奴隶制，这是迈向文明的第一步。发展需要让一部分人过得好得多，而另一部分人则差得多，如此一来，过得好的那些人方可依赖另一些人的血汗供养前进。自然的发展不会怜惜任何东西。人不过是脑袋构造出奇精良的兽类，这正是其力量所在。他身上既无老虎之敏捷，也无雄狮之气力；既无它们令人惊羡的肌肉，也无那般发达的外部感官，但是他身上却有着无穷的狡诈，还有许多驯顺的品质，与之相应，还有天生的群居需要。正是这些驯顺的品质使其走上了社会生活的初级阶段。别忘了，人喜欢服从，总是寻找什么东西去依靠，去藏身其后，人身上没有猛兽傲然独立的天性。人在对家庭、部族的服从中成长，社会生活的中心愈复杂、粗暴地交织在一起，人就愈加陷入更大的奴役之中。人们被宗教压制着，因为畏怯而甘受其缚；人们也屈从于最长者，任其基于习俗来束缚他们。除了'蜕化成人类'的物种——拜伦如此称呼我们这些家庭式野兽——没有任何兽类能忍受人类之间凡此种种关系。狼吃羊，因为它饥饿，也因为后者比它弱小，但是狼并未要求后者接受奴役,羊也并不服从于狼,而是用尖叫、逃跑来进行对抗。是人类把忠君因素、凯列班因素引入了野蛮而独立自主的动物世界。只有以此为基石普洛斯彼罗①的教养才成为了可能。这里遵循的依旧是自然无情的经济原则。自然对资源精打细算,某处有所超越,别处就会有所不达;因此,她既已让长颈鹿的前腿和脖子长得过高,也就限制了它的后腿。"

"大夫,您竟是一个顽固的贵族。"

"我是一个自然主义者,以及……知道我还想说什么吗?我不是懦夫,既不惧认识真理,也不惧讲出真理。"

"我不会反驳您。不过,所有人都是在理论中说真话,说其所理解的真话。此处并无特别的勇气可言。"

"您这样想吗?真是惊人的误解!……我敢说,一百个哲学家中您找不出一个坦率直言之人。即便他错了,传播的是谬论,但只要是真正开诚布公就好。一些人会因道德目的骗人,另一些人则会为求安宁自欺欺人。像斯宾诺莎、休谟那样,勇于走向任何结论,这样的人您能找到很多吗?那些人类理智的伟大解放者行事皆如路德和加尔文,也许,从实践的角度讲他们是对的。他们解放了自己和别人,但是必须止步于某种程度的奴役、某些象征性书籍,止步于《圣经》文本,然后,他们就会从自己的精神中找到节制和中庸的理由,再不肯越雷池一步;多数情况下,后继者也都会追随导师,亦步亦趋。当然,其中也有较为勇敢的人,他们猜到了,事情并非完全如此,却出于虔诚而缄默不语,甚或出于尊崇而谎言惑众。这与律师所为无二,律师每天都要谎称不敢怀疑法官的公正,实则他们一清二楚,法官就是一群骗子,根本就信任不得。这纯为奴隶式的谦卑,

---

① 凯列班和普洛斯彼罗均是莎士比亚剧作《暴风雨》中的人物。——译注

但是我们习惯了。真理与普遍观念相悖时,理解真理并非易事,不过还是要比说出它容易些。培根,黑格尔,这些最优秀的智者写下了多少矫揉造作的文字,滥用了多少华丽的辞藻、粉饰和拐弯抹角的语句啊!如此这般,不过是为了不要说得太简洁明了,因为他们害怕那蒙昧的怒火或者卑俗的嘘声。正因为此,理解科学变得如此之难,非要去猜透那身裹重重虚饰和伪装的真理。那么,您想想,会有很多人既有闲暇又有意愿去深入内在思想、去那肥沃的土壤中翻掘吗?我们的导师总是用这土壤覆盖自己所能达到的理解,挖掘出来的多半是其学说中掺杂的假宝石和玻璃饰品而已。"

"又接近您的贵族思想了,即真理只属于少数人,而谎言却属于所有人,还有……"

"等等,您再次称呼我为贵族,这让我想起了罗伯斯庇尔的话:'无神论乃贵族思想'。[7]假如罗伯斯庇尔仅仅是想说,无神论只可能被少数人掌握,正如微分学、物理学一样,那他就是正确的。可是,说完'无神论乃贵族思想'之后,他又总结说,无神论纯属捏造。于我而言,这是可憎的蛊惑之辞,是理智向蒙昧多数的屈服。无情的革命逻辑学家弄错了,宣扬民主的谎言并未让他复兴人民的宗教,而仅仅昭示了自己力量的极限,划明了界线,一旦跨越此线,他也就不再是革命者了。而在剧变和运动中宣示这一点,也就意味着,这个人物的时代过去了……事实的确如此,至高之主的节日[8]之后,罗伯斯庇尔变得阴沉、不安,心事重重;忧郁折磨着他,他丧失了过去的信念,不再有勇敢前行的步伐,那踏着血迹前进、而血迹也不能玷污的步伐。那时他还不知道自己的极限,未来还无限宽广;然而,现在他看到围墙了,他感觉到自己要作保守分子了。无神论者克罗茨的头颅滚落在他的脚前,成为偏见的牺牲,[9]也成为一个罪证,他跨不过去了。我们比兄长更年长;不要孩子气,也不要害怕事实、逻辑,不要回避后果,这不是我们所能控制得了的。也不要去造神——设若无神,此举并不能无中生有。我说过,真理属于少数人,难道您从不知道这一点吗?为什么竟会让您惊讶不已?不过是因为我没为之添加任何藻饰罢了。得了吧,我既不因这一事实的助益有功,也不因其危害担责,我只是指明其存在。我看到,无论当下还是过去,知识、真理、道德之力量、独立之追求、对美之钟爱都仅仅属于一小群人。这些人愤世嫉俗,在不友好的环境中茫然无为。另一方面,我也看到,社会其他阶层举步维艰,思想狭隘,满脑子愚忠观念,要求有限,向善之心不大,为恶之意也不大。"

"更当看到那些追求非同寻常的可靠性。"

"您是对的,群众的普遍好感几乎总是可靠的,就跟动物的本能一样可靠。知道为什么吗?因为个人可怜的独立性在总体中磨掉了,只有无个性的群众方是好的。独立个性的发展也自有迷人之处,所有自由、完美、有力者皆向往之。"

"是的……只要总的说来还存在群众。但是请注意,古往今来的历史都没有给您理由,让您得出结论说未来这些关系不会改变。一切都在朝着一个目标前进,就是毁灭现行社会生活那些腐朽的基础。您清楚理解并激烈展示了生活中的纷争、矛盾,却就此偃旗息鼓,就像刑事法庭上的公诉人,只是指控罪行并竭力去证实它,而把裁决留给了法庭。有人却在继续前进,试图消除罪行;您所谓的少数强者一直在奋力填平将之与群众割裂开来的鸿沟,而不愿视之为不可避免的不幸事实。他们爱得太深,不可能安坐于绝顶之上,而是怀抱自我牺牲之志,宁愿轻举妄动而死,死于将其与人民大众隔开的鸿沟里面,也不愿只在自己的小天地徘徊,就像您现在这样。他们与大众的这种联系并非心血来潮,也不是华丽的辞藻,而源于深厚的共同情感。他们意识到自己本来自大众,没有这个合唱团也就没有他们；他们代表着大众的追求，其所达到的，也正是大众所孜孜于求的。"

"毫无疑问，天才恰如盛开的花朵，都与植物主体有着千丝万缕的联系，没有茎秆就根本不可能有它们；然而，它们毕竟不是茎秆，不是叶子，而是鲜花，其生活虽与其他部分联成一体，毕竟不同。一旦霜寒骤至，花儿会凋谢，而茎秆却能得保全；如果您愿意，您尽可以说，植物的目的、其生命的顶峰就在于花朵，然而花冠毕竟不是整株植物。这么说吧，只要能获得发展的条件，任何时代都可能涌现出一大批最丰富、最优秀的机体。这些人不仅会逐步脱离大众，而且最终尽皆脱离了。比如歌德，他是德国精神的集中代表，是其巩固、纯粹和升华；他是从这个民族走出来的，没有本民族的全部历史可能根本就不会出现，然而他却疏离了自己的同胞，上升得如此之高，以至于同胞难以清楚理解他，而最终他也不太理解他们了。在他身上集中了所有激动新教世界精神的东西，气势恢宏；他逡巡于当时的世界之上，正如上帝之灵行于水上一样。下界一片混乱，纷争不休，经院哲学盛行，牵强附会成风，他却独持清明的意识、宁和的思想——远远超越了同代人的思想。"

"歌德正卓越地体现了您的思想。他疏远世事，自得于个人之伟大，然而，在这一点上，他只是一个例外。席勒和费希特，卢梭与拜伦，他们是这样的吗？为了提升民众，使之与自己水平相当，这些人全都饱经风霜；所遭苦难深重而无望，伴随其直至坟墓、断头台，或者疯人院；于我而言，这些苦难却胜过了歌德的宁和。"

"他们的确吃尽了苦头，但不要以为，他们就没有过慰藉。他们有大爱，还有更高的信仰。他们按照自己臆想的那样去崇信人类，崇信其理智，崇信未来，一边又陶醉于自己的绝望之中，这种信仰医治了他们的亢奋。"

"为什么您没有信仰呢?"

"这个问题拜伦早就回答过了。他曾这样回答让他信仰基督教的夫人:'我怎么做,以便开始信仰呢?'当代,只可信而不思,或者思而不信。您觉得,怀疑显然轻而易举,然而您可知道,有时候,在痛苦、虚弱、疲惫的时刻,人愿意为某个信仰付出多少代价吗?信仰从哪里来?您说,宁可受苦,于是建议去信仰,然而宗教信徒难道真的就是在受苦吗?我给您讲一件我在德国碰上的事。一次我被叫去旅馆,到一位客临当地的夫人那里,他的孩子们害病了。我到了,发现孩子们患上了可怕的猩红热。如今,医学成就已足够多,我们终于明白了,我们几乎尚未认识任何疾病,更不知道任何治疗办法。这是巨大的进步。我看到情况很糟,为了安慰母亲,给孩子们开了一些无害的玩意儿,嘱咐了各种很麻烦的事,以便让她忙起来。而我自己则开始期待身体能够找到某些力量来对抗疾病。年长的那个男孩子开始慢慢平静了下来。'他现在好像平静地睡着了',母亲跟我说。我用手指向她示意,让她不要叫醒他。孩子离开了人世。我很清楚,男孩妹妹的病势与他完全相同,我觉得她也无药可救。那位母亲是一个有些神经质的女人,当时已经神志不清,只是无休止地祈祷。女孩也死了。最初的日子里人类天性控制了她,这位母亲也患热病躺到了,自己也接近了死神,但是活力还是渐渐恢复了。她平静了一些,跟我谈起了斯威登堡……离开之际,她拉起我的手,以一种肃穆的表情说道:'我曾经很难受……多么可怕的经历!……但是我已经把他们安置好了,他们纯洁无瑕地归去了,纤尘不染,没有沾上任何腐臭的气息……他们会很好的!为了他们的幸福我应该服从!'"

"这是盲目的迷信,与一个人对人类怀抱信心、对建立最佳制度和拥有自由坚信不疑相比,简直有天壤之别!后者是自觉,是思想,是信念，而不是迷信。"

"是的，也就是说，不是粗陋的、将孩子寄托来世的彼岸宗教，而是此岸宗教，科学的宗教，是普遍的、种群的、先验理性和唯心主义的宗教。请您解释一下，为什么信仰上帝是可笑的，而信仰人类就不可笑；信仰天国是愚蠢的，而信仰地上的乌托邦则就是明智的了？抛弃了固有的宗教之后，我们却保留了全部的宗教习性；消灭了天上的天堂之后，我们却相信地上的天国正在降临，并因此备感荣耀。信奉黄泉之下的那个未来，这曾经赋予纪元初的受难者们无穷力量，支撑革命受难者的信仰与之并无二致。这些人和那些人都骄傲地乃至欣然走上了断头台，因为他们怀抱思想必胜的信念，即怀抱基督教必胜或者共和国必胜的信念。然而这些人和那些人全错了，受难者们没有复活，共和国也没有建立起来。我们后到，因而看到了一切。我绝不否定信仰的伟大和益处，它是历史中运动、发展、激情的伟大源泉，然而信仰存在于人的心灵之中，或为个别的事实，或为流行现象。它是勉强不来的，尤其是不能勉强那些已经具有思辨和怀疑能力的人，以及那些拷问过生命的人，那些能屏住呼吸，悉心观察各种尸体解剖的人，还有那些窥视过幕后，所见之深甚至超过必要程度的人。事已至此，就不可能再去盲目信从了。比如，如果不难理解割裂肉体与灵魂是多么荒谬，还能让我相信人死后灵魂尚存吗？那么，当我看到，人民是以该隐和亚伯的方式理解友爱的，您还能让我相信，明天或者一年后就会天下大同吗？"

"那么，大夫，您就只好作这场大戏的旁观者了，老成持重，褒贬与夺，却无济于事，必将蹉跎终身。"

"有可能，完全有可能。尽管我并不认为精神劳动是无所事事，但我还是觉得，您真切地看到了我的命运。还记得基督教时代早期几个世纪的罗马哲学家们吧？他们的处境与我们类似，同样失去了现时与未来,又敌视过去。他们坚信自己清晰而更准确地理解了真理,却只能凄然旁观分崩离析的旧世界和日益巩固的新世界;他们感觉到自己比双方都正确,却比双方都虚弱。他们的圈子越来越小,除了习惯和生活方式之外,他们同异教也没有任何共同之处。背教者尤利安对基督教的约束和他的异教复辟都是可笑的,就跟路易十八和卡尔十世的复辟一样;另一方面,基督教的神正论侮辱了这些人的世俗智慧,他们不能接受这套语言,却已经没有了立足之地,人们对他们已经兴趣全无。不过,他们能够庄严而骄傲地等待毁灭降临,可以去死,却不会慷慨求死,也不企图拯救自己或者世界;他们安然赴死,并不怜惜自己,而一旦得以保全,他们就会身裹托加①,默默审视,罗马,还有人们将何去何从。这些时代异类只剩下一项财富,那就是胸怀坦然,神智清明。他们没有害怕真理,而是参透了真理,并且有足够的力量承受真理,忠于真理。”

“也仅此而已。”

“似乎尚嫌不足?不对,其实,我忘了他们还有一项财富,就是个人的心态、信心。他们相信自己的所感所悟终有知音,相信不依赖于任何事件的深刻联系终究存在。如果再加上些许灿烂的阳光、辽阔的海洋或者绿涛阵阵的山林,宜人的气候……人生夫复何求?”

“不幸得很,今天,这温馨祥和的一角净土您在全欧洲都找不到。”

“那我就去美国。”

“那里枯燥得很。”

“这倒是真的……”

巴黎,1849 年 3 月 1 日

---

① 古罗马男外衣,以布从左肩搭过缠在身上。——译注

六、1849 年闭幕词

此间祭品前所未闻——

不用羔羊和公牛，

全是活人作牺牲。[1]

——歌德,《科林斯的未婚妻》①

我诅咒你,血腥而疯狂的一年,鄙俗、兽性和愚昧大获全胜的一年,我诅咒你!

自始至终你都只有不幸,在你的时日里,没有一个地方享受过一分一秒的明媚阳光,享受过一时一刻的平静祥和。从巴黎重新启用断头台、[2] 布尔热审判,[3] 到英国人在凯法罗尼亚为孩子们准备绞刑架,[4] 从普鲁士王兄射向巴登民众的子弹、[5] 罗马陷落于背叛人类的民族之手,[6] 到叛国统帅将匈牙利出卖给敌人,[7] 你充斥着罪恶、血腥、卑劣,一切都打上了否定的烙印。而这还仅仅是第一阶段,是开始,是序幕,随后的岁月将会更加丑恶、凶恶、下流……

我们落到了一个血泪纷飞、阴沉无望的时代! 这个时代让人头昏脑胀,心事郁结。知道正在发生的一切很可怕,而不知道还发生了什么狂暴的事情同样可怕。穷凶极恶不断激起仇恨和蔑视,屈辱感腐蚀着心胸……于是你想逃走、离开……想要休息,乃至灰飞烟

---

① 题词原文为德文。——译注

灭，无影无踪，无知无觉。

能给人安慰和支持的最后希望就是复仇了——疯狂、野蛮乃至多余的复仇。然而，立志复仇正表明，现代人的胸膛里虽有心，心却在消失；心灵不再有一片绿叶，一切都凋落了……一切都沉寂了，黑暗、冰冷吞没这一切……只有刽子手的利斧时而咔嚓落下来，以及同样属于刽子手的子弹呼啸而过，寻找着少年们高贵的胸膛，射杀他们，因为他们相信人性。

而没有人会为他们复仇吗？

难道他们没有朋友、弟兄？难道没有人拥护他们的信仰？

一切都曾经有过，然而不会有复仇！

他们的遗骸中诞生的不是马略，[8] 而是一整套宴会辞令艺术，蛊惑人心的高谈阔论——我的言辞也属此列——以及单调、平庸的诗篇。

这一点他们并不知晓。他们不在人间了，也无望继续活在黄泉那边，多么幸运啊！他们相信人，相信有值得为之而死的东西并且去死了，壮烈而神圣，算是为被阉割的孱弱一代做了补偿。我们勉强知道他们的名字——罗伯特·布鲁姆遇害[9] 让我们不寒而栗，震惊万分，然后我们就习惯了。

我为我们这一代脸红，我们尽是些麻木不仁的演说家，血是冷的，而只有墨水是热的。我们的思想习惯了过眼烟云式的愤怒，口舌习惯了火热而百无一用的言辞。在需要斗争的地方我们沉思默想，在需要全力以赴的地方我们深思熟虑，理智得令人生厌；我们俯视一切，传播一切，只关注普遍之物，只关注观念世界和整体的人类。我们在抽象和普遍的的领域里窒息了自己的心灵，正如僧侣在祈祷和内省中使心灵衰弱一样。我们对现实失去了兴趣，一路攀升，正如小市民背离现实一路堕落相同。

而你们，被革命吓坏了的革命者们，你们都做了什么？你们是政治玩票分子，是自由的丑角；你们玩弄着共和、恐怖活动以及政府，在俱乐部中装疯卖傻，在办公室里高谈阔论；你们带手枪，佩马刀，一身丑角装扮。那些臭名昭著的恶棍惊讶地发现，你们竟然还活着，于是奉承你们仁慈，这个奖赏让你们受宠若惊。你们没有发出过任何警示，更无任何远见卓识，你们中间那些最优秀的分子却因你们的疯狂献出了头颅。向战胜了你们的敌人学习吧，因为他们的聪明才智远胜于你们。睁眼看看吧，看他们是否害怕反动，是否害怕走得太远，是否害怕鲜血玷污双手。他们浑身都沾满了鲜血！等着瞧吧，他们会把你们统统处死的，因为你们背离的还不够远。又何止处死，他们会把你们一概斩草除根，以绝后患。

现代人简直让我不寒而栗。多么麻木、狭隘！没有激情，没有怒火，思想如此贫乏，热情如此迅速地凝固，追求、活力以及对事业的信念又衰退得如此之早！那么，这些人是何时何处，又是如何耗尽了活力、丧失力量的呢？在中小学他们就饱受愚弄，已经堕落了；在啤酒店，在大学的浑浑噩噩中他们挥霍了全部精力，于是在卑污的淫荡中萎靡衰颓了。他们生在、长在病态的空气中，孱弱无力，随后就凋零了，在开放之前就凋零了。他们并非耗尽了激情，而只是耗尽了激情的幻想。这尽是一些文学家、理想主义者、理论家，他们只是思想上理解了道德败坏，阅读过激情的文字。说实话，我再次觉得遗憾，人无法跻身于另一种兽类——毫无疑问，无论做驴子、青蛙，还是犬类，都会比做 19 世纪的人类更愉快、真诚、磊落些。

不能归罪于任何人，他们无辜，我们也无辜，只能说是生不逢时，因为生在了整个世界都奄奄一息的时代。

聊可自慰的是，未来数代人会退化得更厉害，会更加庸俗浅薄，智力与心灵将沦为赤贫。我们的所作所为将不为所知，我们的思想将变得不可理解。与皇族一样,人民将日益退化,渐趋迟钝,理解力日渐低下,变得昏聩不堪。就像墨洛温王朝,始于淫荡和乱伦,终于昏乱迷离之境,从未有过片刻清醒;或者像贵族阶层,退化成克汀病患者,以及萎缩的欧罗巴,在迟钝迷乱、情感枯萎中度过可怜的一生,没有信念,更没有美的艺术和动人心魄的诗篇。数代人虚弱、萎靡、愚蠢,苟且偷生,直到爆发的时刻,直到熔岩排山倒海般喷涌、奔突在大地上为止。熔岩将把他们统统埋葬在厚厚的岩石下面,成为失落的过去,仅作为编年史存在。

而后呢?

而后春回大地,新生命将在他们的棺盖上蓬勃生长,野蛮、杂乱无章而生机勃勃,他们将取代老朽的蛮族,野性而鲜活之伟力将在少年民族青春的胸膛激荡,于是新的循环,世界历史的第三卷便拉开了帷幕。

这卷历史的基调我们现在就可以领会到。这将是社会主义思想的时代。社会主义将发展出自己的各个阶段,直到最极端的后果,乃至荒谬之境。那时又会有抗议的吼叫从少数革命巨人的胸膛里喷薄而出,于是又会开始殊死的搏斗;而在这场斗争中,社会主义会处于如今保守派的地位,并将被未来不为我们所知的革命所战胜。

永恒的生命游戏,像死亡一样无情,像降生一样不可抗拒;历史潮涨潮落,[10]恰如钟摆,无休无止!

十八世纪末,欧洲的西绪福斯终于把自己沉重的巨石推至山顶。这巨石由三个异质世界的废墟和残片构成,左右摇摆,似要稳定下来,却事与愿违。它滚过头了,开始无声地、不易觉察地倾斜——也许,它本可以被什么东西绊住,在诸如议会制、君主立宪等障碍和高槛的帮助下停下来,然后在数个世代中慢慢风化,不断改头换面以趋完善,不断重新摆放以求发展,就像此间的欧洲之中国,即英国,或者像这个位于太古高山间的陈腐之国,即瑞士。为此必须保证杜绝风吹雨打、冲击震荡,可是,劲风已起,冲击已至。二月风暴震动了全部固有基础。六月风暴则彻底掀动了罗马封建制度的整个积淀,它开始加速往山下飞驰,沿途撞毁所有遭遇之物,自身也难免粉身碎骨……而可怜的西绪福斯眼睁睁地看着,不能相信眼前的一切。他的脸庞消瘦了,辛劳的汗水与惊恐的汗水交织在了一起,失望,羞惭,无力,沮丧,泪水模糊了双眼。他如此相信完美,相信人性;他如此富有哲理、睿智而渊博地寄望于现代人类。然而他还是被骗了。

法国革命和德国科学是欧洲世界的赫尔库勒斯石柱。① 越过它,另一边就是无垠的大洋,看见的就是新世界,全新的世界,而非旧欧洲的修正版。那些革命者信誓旦旦,说要把世界从宗教压迫、国家奴役和道德威权中解放出来,然而,在真诚地宣告思想自由和人身自由之时,他们没有料到,自由与欧洲天主教体系是格格不入的,而摆脱这一体系他们又做不到。为了前进,他们只好卷起自己的旗帜,背叛它,妥协退让。

卢梭与黑格尔是基督徒。

罗伯斯庇尔与圣鞠斯特是保皇派。

德国科学实乃思辨的宗教,国民公会的共和国则是五头专制[1]加教会。公民教义取代了信仰的象征。议会和政府一本正经地组织着人民解放的神圣仪式。立法者摇身一变,成为祭司、预言家,以人民专政的名义,温文尔雅、一本正经地宣读起至当不易、天经地义的判决了。

---

① 即赫剌克勒斯石柱,据希腊神话,直布罗陀海峡两岸山岩是赫剌克勒斯所立的两个大石柱,表示那里是世界的尽头。——译注

人民当然依旧是被管理的大众；他们只是列席了政治弥撒，就像列席宗教弥撒一样，于之而言一切如故，他们也根本不明就里。

然而，可怕的自由之名混入了习俗、仪式与权威的世界。它深入人心，振聋发聩，不可能是消极无为的。它在人间游荡，腐蚀着社会大厦的基础，却难于将之接种在一点上，藉之分解一滴老化的血液。这种毒素进入血管拯救不了老朽的躯体。在疯狂的帝制时代[12]之后，危机迫近的意识表现得特别突出，当时所有远见卓识者都预料剧变将生，为之悚惧。正统派夏多布里昂和当时还是天主教神甫的拉梅内都指出过这一点。一身血债的天主教恐怖主义者梅斯特惊恐不安，于是将一只手伸向了教皇，另一只则伸给了刽子手。[13]黑格尔系紧了自己的哲学之帆，这片白帆曾经多么骄傲而自由地航行于逻辑的海洋上，现在他却害怕远离海岸，害怕成为袭击被捕获者的狂飚。尼布尔①同样为这一预见折磨，并在目睹了 1830 年和七月革命之后去世了。在德国甚至形成了一个流派，这个流派试图以过去阻止未来，用父辈的尸体堵紧新生儿的大门。虚妄的尘世！

终于，两个巨人降临，隆重地终结了这个历史阶段。

歌德苍老的身影静立在当代之入口，不为周围沸腾的生活所动，冷眼旁观，是两人中的后逝者。他不断给当代人施压，促其同过去和解。老人尚在人间时，19 世纪唯一的诗人横空出世又夭亡了。这是满腔怀疑与愤怒的诗人，在他身上神甫、刽子手和牺牲者融为了一体，他匆匆为衰朽的世界念完怀疑主义临终祷词，就溘然长逝于为复兴而战的希腊，年仅 37 岁。他逃向那里，只为再不用看见"祖国的海岸"。[14]

他之后，一切都沉寂了。谁也不复在意时代的徒劳无益，以及

---

① 当指巴托尔德·乔治·尼布尔（1776～1831），德国历史学家，著有《罗马史》。——译注

创造力丧失殆尽。最初,时代尚沐浴着 18 世纪的余晖,闪烁着那时的荣光,以那时的伟人为傲。随着这些闪耀在别处天宇上的群星陨落,沉沉夜色笼罩了一切。到处都萎靡不振,庸庸碌碌,卑鄙萎缩。勉强有一道曙光隐现东方,预示着清晨将至,而它的来临却伴随着滚滚的乌云。

终于有先知来临,宣告大祸临头和随后的救赎。他们被看作疯子,新语言为他们所憎恨,而他们的话则被视为呓语。群众不想被唤醒,他们渴求平静,过他们的小日子,抱守他们鄙陋的习俗,就像弗里德里希二世一样,至死不用更换脏内衣。而世上没有比市侩君主制更能满足这一卑微要求的了。

可是崩溃的步伐依旧,"地下鼹鼠"锲而不舍。[15] 所有的政权,所有的制度都被暗藏的癌症侵蚀了,终于,1848 年 2 月 24 日,疾病由慢性转成了急性。法兰西共和国是在最后审判的号角中向世界宣告成立的。旧制度的虚弱、衰败日渐昭然若揭,一切都开始松弛、脱节,一切都混乱了,却又依赖这混乱支撑。革命派变成了保守派,保守派则变成了无政府主义者。共和国消灭了王权时代保全下来的最后一批自由制度,伏尔泰的祖国一头栽进伪善的怀抱。一切人都被打败了,一切都被打败了,却没有胜利者……

很多人还心存希望之际,我们告诫过:这并非康复,而是肺痨引起的潮红。我们敢想敢言,既不惮于审视恶,也不惮于把它讲出来,可是现在依旧难免额头冷汗涔涔。我第一个脸色苍白了,在沉沉暗夜面前胆怯了。它正在降临,我们的警告正在变成现实,这个念头让我皮肤发麻——它们实现得这么快,如此不可抗拒……

别了,正在消逝的世界,别了,欧罗巴!

"那我们将变成什么样呢?"

我们是连接起两个世界的最后环节,非此非彼。我们脱离了自己的出身,脱离了环境,被世界遗弃,茕茕孑立。我们是无用之辈,因为我们既不能忍受一部分人的朽败,又不能分享另一部分人的稚嫩,两边均无立锥之地。于过时的一边我们是反对派,在属于未来的那一边我们又是抽象理论的代表,在两边我们都一无所有。这既证明了我们的力量,又证明了力量纯属多余。

那就避开吧……我们以自己的全部生命开始解放、抗议,为新生活而斗争……好像我们真的就与旧世界决裂了?难道我们的美德、恶习、激情,还有,最主要的,我们的习惯不是整个属于这个世界吗?我们岂不仅仅是在观点上与之决裂了吗?

我们在原始森林里能做成什么?要知道,不翻阅五本杂志,我们就无法打发掉清晨的时光;在与旧世界的斗争中我们只剩下了诗。在那里我们能做成什么?……坦白地讲,我们全是不够格的鲁滨逊。

远涉美国的人们不是把老旧的英国一道搬过去了吗?

况且,难道在远方我们就听不见怨声载道吗?就能够掉头不顾、闭目掩耳、装聋作哑,也就是承认战败、屈服吗?这不可能!我们的敌人必须知道,有那么一群傲然独立之士,只要利斧还未从他们的头颅和身躯之间挥过,只要绳索还未勒紧他们的脖子,他们绝不会放弃自由的言语。

那么,就让我们的呐喊响彻大地!

……可是向谁呐喊?……喊什么?说真的,我不知道。只有这一点把我征服了……

苏黎世,1849 年 12 月 21 日

七、我无所执，凡百有持①

站在您大门前的不是加蒂兰，是死神！¹

——蒲鲁东（人民之声）

过来，来桌边坐下！

谁会在乎这般蠢话？

世界在败坏，浑如臭鱼烂虾，

我们岂能为他把防腐剂涂搽。²

——歌德

虚有其表、老迈而矜持的欧洲不是在沉睡，而是奄奄一息！

昔日生活的最后残余虚弱而病态，勉强能支撑一些时候，让正在分崩离析的躯体苟延残喘，然而它的组成要素渴望新的组合，渴望新型的发展。

表面上，很多东西依旧岿然不动，一切都按部就班。法官依旧在审判，教堂依旧在开放，交易所里依旧热火朝天，军队依旧在演习，宫廷依旧灯火辉煌。可是昔日生活已经神魂出窍，所有人的内心都惶恐难安；死亡近在眼前，而且实质上一切都停滞不前。本质上说，既没有教会、军队，也没有政府、法庭，这一切都蜕变成了警

---

① 原著本章标题为拉丁文：OMNIA MEA MECUM PORTO。

察。警察保护着、拯救着欧洲，在它的祝福和庇护下宝座和祭坛得以苟全。这是硬生生接续生命的电流，只为赢得目下的一刻。但是病患的毁灭之火并没有被扑灭，它只是被驱赶到了内部，被遮蔽了起来。所有这些发黑的高墙和堡垒都不足为凭，它们不过因为年代久远，貌似具有岩石万古不移之特性而已。他们就像树桩，森林被砍伐后还会久久存留，并保持着屹立不朽的假象，直到被人轻轻踢上一脚为止。

很多人没有看到死亡，这只是因为濒死之际他们仍然坚信可以消灭异己。死亡不会消灭组成要素本身，而只是将它们从旧的统一体中解放出来，赋予它们在另一种条件下存在的自由。当然，旧世界整体不会完全从地球上消失，它会保留下来，正如罗马在中世纪那样保留下来。它将解体，散布在未来的欧洲，并失去现有的特征，而服从于新秩序，同时给予其影响。父辈给子孙留下了生理与人文意义上的遗产，正是它使得墓中父辈的生命得以延续。然而他们之间隔着死神，正如在尤里斯·恺撒的罗马和格里高利七世的罗马之间一样。①

现代国家组织形式的死亡更应让人高兴，而不是让人心情沉重。然而可怕的是，正在消亡的世界留下来的并非继承人，而只是怀孕的寡妇。一死一生之间会流失很多水分，人们将承受混乱而后死寂的漫漫长夜。

我们活不到迎圣者西缅活到的那个时刻。³不论这个事实多么沉重，必须与之妥协，必须承受，因为改变它是不可能的。

我们研究欧洲老朽的躯体够久了，每揭开一层，每走到一处都

---

① 另一方面，在格里高利七世、马丁·路德、国民公会、拿破仑的欧洲之间并没有死神，而只是发展，或曰改头换面、成长；正因为此，所有向古希腊、罗马反动的尝试（布兰卡罗内、里恩济）都是不可能的，而帝制在新欧洲的复辟却轻而易举。——作者注

会发现它濒临死亡,只是偶尔从远处传来启示。最初我们也心怀希望,相信,努力让自己相信。可垂死的挣扎如此迅速地扭曲着一张张面容,这是掩饰不了的。生命之光黯淡了,正如黎明前映照在窗上的最后烛光。我们震惊、悚惧,眼看着死神攻城略地,束手无策。从二月革命中我们看见了什么?……别再说两年前我们还很年轻,而现在却已经老了。

愈是接近党团和人众,我们身边的荒漠就愈加广阔,我们也愈加形单影只。一边是疯狂的人群,另一边是冷酷的人群,如何承受得了?这里是怠惰而麻木,那里是谎言和鼠目寸光——到处都萎靡不振。或许那些蒙难者活力尚存,然而他们为人们死了,而且是白白地死了;或许那些为民请命的受难者也活力尚存,他们愿意抛头颅,洒热血,但也会被迫珍视这两样东西,因为看到的是一场合唱,根本不需要这些牺牲。

我们迷失在这个四分五裂的世界,无所事事,毫无意义的争论和终日屈辱让我们浑浑噩噩。我们承受了痛苦和失望,于是只想要一样东西:让疲倦的头颅枕着什么地方入睡,不管是否还有梦境。

但是生活做出了自己的选择,现在,我想要的不是失望,也不是慷慨赴死,而是活着。我不想再让自己如此依赖世界,不想终生守护在垂死者的床头,做一个永远的哭灵人。

难道我们自己真就一无所有,而只是某种东西——这个世界的某种东西,只属于这个世界?难道正因为此,如今,在它被完全不同的规则破坏并必将灭亡之际,除了呆坐在它的废墟上我们就无事可做了吗?除了充当它的墓碑之外就别无意义了吗?

够了,不要再伤感了。我们已经把属于那世界的东西还给了它,我们毫不吝惜地把自己最美好的年华献给了它,为之投入了自己的全部身心;我们因它的苦难而比它本身更加沧桑。现在就让我们擦干眼泪，勇敢地环顾四周吧。不管周围到底如何，都是能够也是应该承受的。我们经历过最恶劣的时局，而不幸经历过了，也就完结了。我们得以认清了自己的境遇，什么也不再期望，不再等待，或者说等待着一切，反正都一样。很多东西都能侮辱我们，摧垮我们，杀死我们，但是什么都不能让我们觉得惊诧……或许我们的思考和言论都只停留在嘴上。

船正在沉入水底。危险旁边还有希望之时，曾有过可怕的怀疑时刻，而现在局势明朗了，船已经没救了，能做的不是殉葬就是自救。愚蠢的人们，弃船吧，坐上小艇逃离；让每一个人都能体味自己的幸福，尝试自己的力量。水手式的忠诚不适用我们。

从那沉闷的房间走出来，莫在那里耗尽漫长而热烈的生命！从那混浊、充满传染病毒的氛围里走出来，走到清新的空气中，从病房走到原野中去。有的是给死者涂防腐剂的匠人，食腐为生的蛆虫会更多。把尸首留给他们吧，不是因为他们劣于或者优于我们，而是因为他们想要如此，而我们不想；因为他们在其中如鱼得水，而我们却度日如年。让我们自由而无私地走吧，因为我们深知，不会有遗产留给我们，我们也不需要。

昔日，与时代生活的傲然决裂会被视作逃跑，即使现在，在目睹了眼前发生的一系列事件之后，无可救药的浪漫主义者仍会如此评判这种行为。

然而自由的人不可能逃跑，因为他只服从自己的信念，此外无他。他有权留下或者离开，应考虑的不是逃跑问题，而是人自由与否的问题。

此外，"逃跑"一词愈来愈显得滑稽，滑稽之至。遭此谴责的是哪些人？是比那些当为不为者不幸前瞻更远、前行更久且无意返回的人。他们或许可以用科里奥兰纳斯式的话回答人们："不是我们逃跑了,而是你们滞后了",但两种说法同样荒谬。我们自行其是,周围的人们也自行其是。个人与群体的发展形成的局面是,二者都能不为后果承担完全责任。但一定程度的发展,不论这是怎么取得的,是什么导致的,则是需要的。放弃发展也就意味着放弃自身。

人比一般认为的要自由些。他对环境的依赖性很大,但还没有大到为之所役的地步。命运的重头掌握在我们自己手中,应当去理解它,决不可放手。人们已经明白,他们竟然听任周围世界凌虐自己,玩物丧志,放弃自己的独立性,在诸般情况下不是依赖自己,而是乞援于周围世界,甚至把绑缚自己与环境的绳索愈束愈紧。人们翘首以待,等待世界上演生活的全部善恶大戏,最后才会想到依靠自己。在这种幼稚的顺从状态下,外界的致命力量成为不可克服之物,让人觉得与之斗争纯属疯狂。然而,一旦人的心里不再甘于成为牺牲,不再失望、嗟叹,不再恐惧并顺从,他就会产生一个朴素的疑问:"我真的生前死后都要被束缚在环境中吗? 甚至直到完全脱离了它,不再需要其中的任何东西,对它的全部馈赠都无动于衷之时也不可能摆脱吗?"此刻起,这可怕的力量就开始苍白了。

我并不认为为了独立自主而进行抗争很容易。它不会无端从人的胸膛里爆发出来,要不需要其他个体的经验、不幸为之前驱,要不需要身处无比沉重的时代。在这样的时代中,愈深刻地理解世界,人与之的距离就愈远;将人与外部世界绑缚在一起的所有纽带都将变成锁链,人感觉到自己与时事和民众的对立是正确的,并意识到自己就是一个对手,是一个外人,而不是某个大家族的成员并隶属于它。

身外的一切都在变化、波动,我们濒临深渊,且看到危崖正在崩塌。黄昏降临了,天空中却没有升起一颗指路的明星。除了自身,除了我们无限的自由、绝对的独立意识,我们别无找到停泊港湾之途。如此自救之后，我们就会立足于一片勇敢而辽阔的土地上，这里只有而且只可能有生命在社会中的自由发展——假如人果真有此可能的话。

如果人们开始奋力拯救自己，而非世界，奋力解放自己，而非人类，那他们就可为拯救世界和解放人类做出多少贡献啊！

人对环境、时代的依赖性毋庸置疑。半数纽带因为缺乏自觉而牢固异常，依赖性也就更大了。这里有生理的影响，且意志与智慧很少能与之对抗；有与生俱来的遗传因素，恰如我们的容貌，这是新一代同列祖列宗之间代代相承的保证；还有精神-生理因素，以及竭力使人熟悉历史与现代的教育因素，最后还有理智因素。人生于其中的环境，经历期间的时代都诱使他参与周边事件的进程，继续父辈的所作所为；他自然而然地与周围的一切密不可分，他不可能不在自己身上，通过自身反映出其所处的时代和生活的环境。

但在反映的方式上却能体现出独特性来。人对周边环境的反作用正是其个性对环境影响的回答。这个回答可能是彻底的认同，也可能是全面对抗。与人对环境的依赖性一样，人的精神独立同样是颠扑不破的真理和事实，区别只在于，后一种情况下人与自然处于反向的关系之中，自觉性愈高，则独特性愈强。反之，自觉性愈低，则对环境的依存愈紧密，环境对个人的吞噬也就愈彻底。故而，不自觉的本能不可能达到真正独立的高度，独特性不是表现为野兽般粗野的自由，就是表现为猛烈而不连贯地对抗这样或那样的社会生活条件，一般会称之为犯罪。

独立意识并不意味着与环境的分裂，独特性也不等于敌视社会。环境对世界的态度并非一成不变，那么相应地，也并非总是引起个体的反抗。

存在人自由完成共同事业的时代，活跃天性所热衷的活动恰与其生活的社会目标吻合。这样的时代极其罕见，是时一切都卷入了事件的大潮，身居其间，痛苦着，愉悦着，最后消亡。一些非凡的天才，比如歌德，会站得较远一些，也有才具庸陋平凡者对一切无动于衷。甚至那些敌视时代大潮的个体也尽可满足，投身到真正的斗争中去。流亡者与雅各宾派一样，都为革命的洪流席卷。当此之际，没必要解释所谓的自我牺牲和忠诚观，一切都自然而然，轻而易举。没有人落后，因为所有人都有信念。牺牲其实是没有的，只在观众眼里那些行为才是牺牲，而实际上它们不过是意志的一般实现，是自然的反应方式。

还有一些时代，最普通的时代，安宁，甚至可以说是安眠的时代，在这样的时代中，个人与环境的关系是根据最后一次剧变的安排而自然延续的。它们拉得还不那么长，不至于绷断，也尚未沉重到不能忍受的地步；最后，它们还没有走向极端，没有僵化，还不至于使生活不能弥补其主要缺陷，缓和其主要冲突。在这样的时代，社会与人的联系问题就不那么引人注目。会出现一些个别的冲突，悲剧性的惨祸，造成一些人的死亡，也会传出被束缚者的剧烈呻吟，然而所有这一切都会在已获确立的秩序中消失得无影无踪。公认的种种关系坚若磐石，人的习惯、冷漠、怠惰、缺乏强有力的批判和讽刺精神，这些都是它们坚实的基础。人们或为了个人利益劳碌终日，或安享天伦之乐，或专研学术，或经营产业，或高谈阔论并自以为在完成事业。人们辛勤劳作，以便为子女安排下锦绣前程，子女则会再为他们的子女奔劳不休。这样，现实中的个人与现实本身都平庸之极，都只把自己看作某种过渡。在英国，这样的时代持续至今。

但是还有第三种类型的时代，非常罕见而且最为悲惨。在这样的时代，社会形式已经过时，缓慢而沉重地走向消亡。排他性的文明不仅达到了它的极限,甚而超出了历史风习的可能范围。表面上它似乎是属于未来的,而实质上它既脱离了自己轻蔑的过去,也脱离了自有演变法则的未来。于是就有了人与社会的冲突。过去在疯狂地顽抗。暴力,谎言,残忍,贪婪,奴颜婢膝,目光短浅,毫无尊严,这一切成为大多数人的一般原则。昔日的豪迈慷慨荡然无存,腐朽的世界自己也不再相信自己了,只是无望地固守;它恐惧,为求自保,甚至遗忘了自己的神灵,践踏了自己赖以支撑的法律,抛弃了教养与人格,成为野兽,疯狂地迫害、绞杀,而且此时力量依旧握在它的手上。人们服从不仅仅是因为怯懦,更是因为另一边一切都还动荡不安,尚未完备,最主要的是,人们根本没有准备。另一方面,陌生的未来升起在地平线上,尽管被厚厚的乌云遮蔽,却搅乱了人们所有现行的逻辑。罗马世界的问题是由基督教解决的,然而,罗马覆灭过程中,那时自由的人与这种宗教联系甚少,就像他们与多神教少有共同之处一样。为了摆脱罗马法的狭隘形式继续前进,人类倒退回了日耳曼的野蛮状态。

　　罗马人中的一部分,因为生活沉重,且为忧郁、恐惧折磨,投入了基督教的怀抱,获得了拯救。可是另一些人,他们遭受的苦难丝毫不少,只是性格更为坚韧,理智更为顽强,不愿从一种荒谬走向另一种荒谬,难道他们就该被谴责吗?他们能追随叛教者尤利安去崇奉旧神祇或者追随康斯坦丁膜拜新神吗?洞察时代精神的走向之后,他们能够投入时代大潮中去吗?在这样的时代,自由的人更容易离群索居,而不是与之同道,于他而言,自杀会更容易些,而不是牺牲。

　　难道因为无人赞同就意味着人的正确度较低吗?智慧除了智慧之外,竟然还需要别的检验吗?普遍的疯狂又凭什么能够推翻个人的信念呢?

罗马人中的睿智者都彻底走下了舞台，他们做得非常好。他们分散至地中海沿岸各地，缄默不语，不幸而伟大，他们是为了他人，而非自己，销声匿迹了。然而，十五个世纪之后，我们应当意识到，其实他们是胜利者，他们是人类独立与尊严自由而有力的卓越代表。他们曾经为人，他们没有进入芸芸众生，不属于群氓之列，不愿违心说谎，只在与之毫无共同之处的情况下选择悄然离去。

而我们又同周围世界有何共同之处？一些通过共同信念与我们联系起来的人，所多玛和俄摩拉的三个义人，[4] 与我们的处境相同，都是抗议着的少数人，强于思而弱于行。除此之外，我们与当代世界同与中国之间一样，没有更多的积极联系（我在这里忽略了生理意义上的联系以及习惯）。这千真万确，甚至在极个别的情况下，人们尽管在跟我们说同样的话，其理解却全然不同。您能接受山岳派的自由、制宪会议的秩序、共产主义者著作中的埃及式制度吗？

现在所有人都在把牌摊开来玩，游戏本身也高度简化了，出不得错——欧洲的每一块土地上都在进行同样的斗争，都同样分成那两个阵营。您能清醒、确切地感觉到自己反对哪一边，可是您是否同样清醒地意识到了自己同另一个阵营的联系——就像您会对前者厌憎与痛恨一样？

开诚布公的时代到来了，自由的人既不自欺，也不欺人，任何容情不言的行为都会导致某种谎言和偏差。

为了华丽落幕并实施所有精神凌辱和折磨手段，过去的一年向我们展示了一幅可怕图景：一个自由的人同一群人类解放者的斗争。[5] 蒲鲁东勇敢的言论、尖锐的怀疑主义、激烈的抗议、无情的讥讽让正宗的革命家们义愤填膺，怒火之盛丝毫不亚于保守派。他们无情地攻击他，开始作为正统派固守正统了。他们被他的无神论和无政府主义吓坏了，理解不了如何能在没有国家、没有民主统治的情况下做自由的人。那些大逆不道的话让他们大为震惊:竟然说共和国是为了人的,而非人是为了共和国的。理屈词穷之际,他们就宣布蒲鲁东是可疑分子,将之逐出革命的教门,开除出正教的统一阵营。蒲鲁东的天才和警察的兽行使他摆脱了诅咒;关于他叛变的卑劣指责已经在民主群氓间流传,而此时他发表了一系列著名文章,直指总统。总统被这些抨击震惊了,以至于没能找到更好的答复,于是就把这个罪犯囚禁了——他因为思想与言论被囚禁了。[6] 看到这些,众人方才心满意足。

这就是自由的十字军骑士,享受特权的人类解放者!他们害怕自由,需要主子,以免懒散;需要政权,因为不相信自己。当一小群人随着卡贝迁居美洲,[7] 刚刚在临时窝棚中安顿下来,立足未稳之际,欧洲国家生活的所有困窘就开始在他们的小圈子里显露出来了,这又有什么好奇怪的?

这样,他们就比我们现代,比我们有用,因为他们更近于行。他们会在群众中找到更多共鸣,因而更被需要。有黑手在厚颜无耻地掠夺群众辛劳挣得的面包,群众想阻止它,这就是群众的主要诉求;他们对个人自由、言论独立等漠不关心。群众热爱权威,他们还迷惑于权力的光辉,尽管权力实际上意味着凌辱,他们却依旧甘愿接受某个独立之人的凌辱。群众理解的平等就是平均的压迫,他们既害怕极权和特权,又不满天才,不能允许异己的行为存在。群众渴望的是社会性政府,管理他们并服务于他们,而不是现今这样完全对立的政府。由自己来管理,这一点他们想都没有想过。正因为此,那些所谓的解放者远比任何自由之士都更贴近当代巨变。自由之士可能是完全无用的人,但这并不意味着,他就应该背弃自己的信念行事。

可是,你们会说,应该抑制自己。我怀疑这样做会有什么结果。

当人全身心投入一项事业的时候,他多少能够成就些什么,然而如果人自废一半的力量和手段,他还能做成什么?假如让蒲鲁东当上财政部长、总统,那他将是走另一条路线的波拿巴。波拿巴摇摆不定,犹疑不决,因此终于迷恋上了帝位。蒲鲁东将同样一直犹豫不决,因为他憎恶现有共和国的程度与波拿巴相同,而目前建立社会主义共和国的可能性远远小于帝国。

不过,如果谁感觉到了内在的纷争,希望而且能够公开的参加党派斗争,如果并不需要走自己的路,尽管看到他人的道路所指并非所愿;如果谁并不认同这一点:宁愿不知所踪、销声匿迹,也胜于出让真理,那他就随波逐流好了。他甚至会做得很优秀,因为别无他物,人类的解放者们将把君主制欧洲的老旧体系连同自己一起拖向深渊。我承认渴望行动者与渴望退避者有同等的权利,这是他的自由,对此我们无意置评。

我很高兴触及了这个令人不安的问题,这是束缚人的所有锁链中最牢不可破的一道。谓之最牢不可破,是因为人或者根本觉察不到它的压迫,或者更糟,会无条件地承认它是公正合理的。我们拭目以待吧,它是否也已锈迹斑斑了呢?

个人服从于社会、人民、人类、思想,这是生人祭的延续,是牺牲羔羊以愉悦上帝、把无辜者当作罪人钉上十字架。所有宗教都把顺从,即自愿接受奴役作为道德的基础,正因为此,它们也永远都比政治制度更加流毒深远。一边是暴力,一边是意志的败坏。同时,顺从意味着个人的全部独特性被不依赖于个人的、普遍的、无个性的环境所吞噬。基督教是充满矛盾的宗教,一方面,它承认个人的莫大尊严,而这一点却又像是专为更加隆重地向赎罪、教会、天父献祭而设似的。它的观点渗透到习俗之中,演变成一整套精神奴役体系,一整套畸形而过分专注于自身的辩证法。世界在愈加世俗化,或者最好说，世界终于觉察到，它本质上与曾经的一样是世俗的，于是就将自己的元素混入了基督教的训诫之中。可是基础依旧，作为社会真正的、活跃的单子，个人总是成为某种普遍观念、集合名词、某面旗帜的牺牲。人们牺牲了个人自由，可到底是在为谁劳作，为谁牺牲，又是谁在受益，谁获得了解放，这一点无人过问。所有人都只顾自我牺牲并牺牲他人（至少是口头上）。

这里需要弄清楚，人民的蒙昧在多大程度上证明着这些教育手段的有效性。大概它们是自然而然且必不可少的，因为它们无处不在，然而我们可以勇敢地说，如果说这些手段取得了非凡的成就，那么，在用虚妄观念扭曲理智的过程中，它们或许也同等程度地延缓了这个进程。我很少相信所谓谎言的功用，特别是人们不再相信它的时候。在我看来，这一整套的马基雅维利主义，一整套的漂亮辞藻更多是为传教士和训导者提供的贵族式消遣。

人的精神受到奴役，个性遭到凌辱，其中坚固的观念基础就是二元论，我们的所有见解都浸透着这种精神。

二元论是逻辑领域的基督教，即摆脱了传统和神秘主义的基督教。它的主要方法是，把那些事实上不可分割之物，比如肉体与精神，分割成臆造的对立物，充满敌意的将这些抽象之物进行对比，再一番做作，去调和那本来是不可分割的统一体。这实际上是上帝与人的福音神话，二者通过基督和解了；只是这个神话被翻译成了哲学语言罢了。

正如基督通过消灭肉体为人类赎罪一样，在二元论中唯心主义以幻影的一面去反对另一面，让精神主宰物质，让类属主宰不可分割的个体，这样就让个人成了国家的牺牲，而国家则成了人类的牺牲。

现在试想一下灌输到人良心与理智中的全部观念是多么混乱

吧。人自幼听不到任何其他东西。二元论扭曲了所有最简明的概念，以至于人们必须付出巨大的努力才可以掌握本来昭若白日的真理。我们的语言是二元论的语言，我们的想象中缺少另一类形象、另一类隐喻。一千五百年来所有的训诫、布道、著作、行动都充满了二元论，直到 17 世纪末才有一些人开始怀疑它，然而，出于礼节，部分地也由于恐惧，他们虽则怀疑，却继续使用二元论的语言。

显然，我们的全部道德都同出此源。这一道德要求持久的牺牲、一贯的英勇行为和献身精神。正因为此，其原则的大部分从未真正实现过。较之理论，生活的顽强是无与伦比的，从不依赖于它们，而是自行其是，并悄无声息地战胜它们。反主流道德的斗争，不可能比这一事实的对抗更全面了，但是人们在这样的矛盾中安之若素，数个世纪以来早就习惯了。基督教把人分裂成两部分：某种典范及某种家畜，故而破坏了人的理解力。人无法摆脱良心同欲求的斗争，于是完全习惯了虚伪，而且常常是公然的虚伪，以至于言行的矛盾并不能让其惶惑。他借口说自己天性懦弱而恶劣，于是教会急忙制造出赦罪符和免罪证，轻而易举地为惊恐不安的良心了却旧账，因为教会害怕失望会滋生异端思想，这就不是能用忏悔和宽宥轻易压服的了。此类肆意妄为之事如此根深蒂固，竟比教会的权力存留的更加长久。不自然的世俗美德取代了不自然的伪善，由此，舞台上罗马的秩序、基督教受难者的苦行以及封建骑士的勇敢高尚都复活了。

现实生活依旧按照自己的步调前行，对英雄主义道德无动于衷。

然而谁也不敢去攻击它，一方面，它靠宽恕与尊敬之间某种隐秘的协议维持，正如圣马力诺共和国[8]那样，另一方面，靠我们的怯懦、意志薄弱，靠我们错误的羞耻之心和精神禁锢维持。我们害怕被指责为不道德，于是就被牢牢控制了。我们重复着自己听来的道德呓语，既没有真正赋予其任何意义，也没有驳斥他们，正如自然主义者出于礼仪会在前言中提及上帝并对他的大智慧表示惊讶一样。群众野蛮嚎叫的可怕场面让我们不由得不产生敬畏之心，这份敬畏逐渐成为习以为常的东西，于是坦率而自由者的胆大妄为会让我们又惊又怒：他们竟敢质疑这些言辞中的真理。这种质疑会让我们备感屈辱，就像对国王的不恭之论曾经会让受恩者感到受辱一样，这就是仆役的自尊、奴隶的傲慢。

这样就形成了程式化的道德、程式化的语言，我们就用这种语言向孩子传授对虚拟上帝的信仰，用父母欺骗过我们的方式再去欺骗他们，而我们的孩子还将继续欺骗他们的孩子，如此代代相传，直到一场剧变彻底毁灭这个谎言与矫饰的世界为止。

我终于无法继续无动于衷，漠然承受这些古老的辞藻，这些爱国与博爱的陈腐高调，它们对生活没有任何实质的影响。不管是为何目的，能找到很多甘愿牺牲生命的人吗？当然不多，但毕竟还是多于那些敢于表达下列意见的人："为祖国而死"并非真的就高于个人幸福，然而要是祖国与个人都能完好无缺，那当然最好不过。

我们依旧是孩童，我们依旧是奴隶，我们意志、精神的全部重心和支点都在我们身外！

这种谎言不仅有害，而且是侮辱性的，它凌辱了人的尊严感，败坏了人的品行。而要做到言行一致需要个性的力量，这就是为什么人当口头认可每天都通过生活本身认可了的东西。或许，这种动人的废话在更野蛮的时期曾经多少有些用，跟表面的彬彬有礼一样；然而，现在它苍白虚弱、失去了效用，让人莫名其妙。我们写下容忍这些词藻华丽的习作，而且不受惩罚地被传颂得足够久了，这些习作由翻炒过的、兑入唯理论浑水和黏糊糊博爱糖浆的基督教构成。

是弄清这些神谕集、①向我们的导师要求解释的时候了。

批判利己主义与个人主义的所有宏论有何意义？利己主义是什么？友爱是什么？个人主义是什么？热爱人类又是什么？

毫无疑问，人都是利己主义者，因为他们是人。假如没有强烈的个人意识，如何能够成为自身？剥夺人的这一意识也就意味着使之解体，将之改造成呆板、陈腐、平淡无奇之物。我们是利己主义者，因而才为争取自己的独立性、富裕，以及对我们应有权利的承认而努力，也正因此我们才渴望爱，寻求工作……也就不能在没有显著矛盾的情况下拒不承认他人的同等权利。

个人主义的宣传于一个世纪前将人们从沉睡中唤醒，而此前人们一直在天主教鸦片的麻痹下酣睡其中。它指向自由，正如顺从指向凌辱。利己主义者伏尔泰的著作对自由的贡献，要大于爱人者卢梭对博爱的贡献。

道德家将利己主义看作恶习，而不顾一个基本事实，即剔除了积极的个人意识之后，人是否还能为人，他们更不提在所谓"博爱"和"热爱人类"中用什么来替代这一个人意识，甚至不屑解释，为什么应该同每一个人友爱，为什么爱世上的所有人竟然成了义务。我们没有理由因为一个东西存在就去爱它或者恨它。让人自由寻找自己的共鸣吧，它能够找到所爱的人、可以与之亲如兄弟的人，这方面他不需要圣训和命令。如果他竟然找不到，那也是他的事情，是他的不幸。

基督教至少还没有在这些小事上纠缠不清，而是断然命令不仅要爱所有人，更要爱自己的敌人。此一信条激励人们十八个世纪之久，现在终于应该意识到，这个规条空空如也……爱敌人什么？或

---

① 古罗马时代的占卜书。——译注

者说，如果他们如此可爱，又为何要与之处于敌对状态？

事情只在于，利己性与社会性既不是善，也不是恶，而是人类生活的基本力量，没有它们就不会有历史、发展，而只可能有或者野兽式的松散生活，或者驯服的原始人群体。消灭人的社会性，人将变成残暴的猩猩；而消灭他身上的利己性，他则会蜕变成温驯的黑猩猩。奴隶身上的利己主义成分最少。"利己主义"一词本身含义是不完整的。有狭隘的、兽性的、肮脏的利己主义，正如有肮脏的、兽性的、狭隘的爱一样。真正重要的绝不是从言辞上消灭利己主义并去颂扬友爱——后者并不比前者更为有力，重要的是把人生命中这两个不可分割的因素和谐地结合起来。

作为社会性动物，人渴望去爱，在这一点上他并不需要命令。完全不必去痛恨自己。道德家们以为任何道德行为都与人的天性相悖，以至于把任何善行都视作人格高尚，并因此将友爱定作责任，与守斋、禁欲同列。宗教奴役的最新形式建立在割裂人与社会、臆造二者对立关系的基础上。只要一边是博爱天使，而另一边是利己主义魔鬼，就需要一个政府，以便调和二者的关系，并进行管束；同样需要法庭以实施惩罚，需要刽子手以行刑，需要教会以祈求上帝的宽恕，需要上帝以制造恐惧，当然也需要警察把人关进监狱。

个人与社会的和谐不会一劳永逸，每一个时代，几乎每一个国家都有不同道路，而且它与所有鲜活的事物一样是随着环境变化的。普遍的标准和解决方案是不可能有的。我们看到了，在某些时代人很容易屈服于环境，而在另一些时代只有脱离才能保持预知的联系，离别之际，人会带走自己的一切。我们无力改变人对社会的历史态度，而且不幸也无力改变社会本身，可是做一个合乎当代发展水平的现代人却有赖于我们自己，也就是说，要以创造性的行动来回应环境。

　　的确，自由的人创立着自己的道德。斯多葛派声称"智者无法"，他们要表达的正是这个意思。昨日的优良品行在今日则可能是劣迹。就像没有永久的奖与罚一样，也没有牢不可破的恒久道德。道德中真正牢不可破的，只有那些几乎剔除了全部特殊因素的普遍之物，比如，任何有悖于我们信念的行为都是犯罪，或者，正如康德所言，人不能将之普遍化、奉为准则的行为就是不道德的。

　　本文开篇我们就忠告，不要自相矛盾，不论代价多高，也要斩断虚妄的关系，这些关系不过是由错误的羞耻感、无用的献身精神维持的（正如邦雅曼·贡斯当的《阿尔弗雷德》中所表现的那样）。[9]

　　当代情势是否如我所见，这还有待争论。如果您能证明完全相反，我会衷心感激，会紧握您的手，您就是我的恩人。或许，我沉湎过度，因深究周围发生的种种可怕事件而饱受折磨，故而丧失了看见光明的能力。我乐意倾听，渴望表示赞同。可是假如情况果真如此，那就毫无争论的余地。

　　"于是，您就会说，应该接受无所作为的恼人现实，疏远一切，徒劳地去抱怨，像老人那样愤愤不平，远离热火朝天的生活舞台，颐养天年，既无益他人，又负累于己。"

　　"我不主张与世界争吵不休，而是主张开始独立的、自主的生活，即使我们身边的整个世界都毁灭了，这种生活仍可以从其内部找到拯救之道。我主张认真审视，民众是否真的在朝我们预想的方向前进，无论与之同行还是离开，都要知道她的道路。我主张抛弃幼年起就灌输给我们的书本观点，那些观点对人的描述，与真实情况全然不符。我试图终止'徒劳无益的抱怨和前后不一的不满'，试图顺应众人，因为我确认，他们不可能变得更好，他们之所以如此，这根本不是他们的过错。

　　此外是否会投身于这样或者那样的外在行动，或根本不会——

我不知道。是的，实质上这也不重要。如果您足够有力，如果您身上不仅有某些有用的东西，更有某些足以深深触动他人的东西，这些就都不会消失——此乃自然的经济原则。您的力量，就像一粒酵母，定将激活所有受其影响的对象并迫使其慢慢动起来。您的言行、思想无须特别关照，自会占有一席之地。如果您没有这种力量，抑或您的力量打动不了当代人，于己于人均不是什么大不幸。我们岂能永远做演员，做公共人物！我们不是为了吸引他人而活，是为了自己而活。多数人只重实际，却根本不关心历史活动的缺陷问题。

与其让人民相信，他们翘首以盼的与我们想要的正好相同，不如想一想，当下他们是否真的想要什么；如果他们所要的本为他物，那么就专注自身吧，离开那市场，脱离那世界，莫去强迫他人，也莫浪费精力。

也许，这一消极行为将成为新生活的开端。至少，这是负责之举。"

巴黎，米拉波饭店，1850 年 4 月 3 日

八、瓦尔德加玛斯侯爵多诺佐·科尔特斯和罗马皇帝尤利安

保守分子有眼无珠;较之圣徒多马,他们更称得上是怀疑论者,他们亲手触摸了伤口,却不相信它。[1]

"瞧,"他们说,"社会坏疽成熟的令人恐惧,这就是散发着衰败气息的否定精神,是动摇了古老国家大厦最后基石的革命魔鬼……你们看见了,我们的世界在崩溃,在毁灭,连同它的教育、制度,以及它所创立的所有东西……看哪,它的一只脚已经迈进了坟墓。"

然后他们会总结说:"让我们用军队来倍增政府的力量,让我们迫使没有信仰的人们回归信仰。这是拯救整个世界的大事。"

拯救世界——用回忆和暴力! 世界要靠"福音",而不是强化的宗教来拯救;它将通过蕴含新世界幼芽的话语,而不是复活死人的陈词滥调得到拯救。

他们岂非囿于自身,顽固不化? 岂非不甚了了,抑或因为恐惧阴暗的未来,以至于惶恐不安? 岂非只能看到那行将就木之物,只留恋过去,只依赖废墟或者摇摇欲坠的高墙? 多么混乱! 现代人的观念里是多么缺乏连贯性啊!

过去至少有过某种统一;尽管疯狂成了流行病,绝少有人正视它,举世若狂,然而却有着普遍的依据,虽多为荒谬,却是为人们所接受的。当代则根本不同。罗马世界的偏见与中世纪的偏见,福音

书与经济学,罗耀拉与伏尔泰,言辞上的唯心主义与行动上的唯物主义,还有纯属修辞的抽象道德以及与之背道而驰的行为,如此种种,尽皆并行于世。这一大堆观念在我们的头脑中杂乱无章。成年后,我们太忙,又太懒,可能也太怯懦,根本无力将我们的金科玉律送上严厉的法庭,因此这些公案仍然晦暗难明。

这种观念的混乱以法国最盛。法国人完全被剥夺了哲学教育,他们敏锐地掌握了结论,但只是片面地掌握了它们,结论总是孤立的,缺乏将之联系起来的统一性,甚至没有必要的梳理,以使这些结论达到同一水平,于是步步矛盾重重。正因为此,与他们交谈时,必须不时上溯到早已众所周知的源头,不时把斯宾诺莎或者培根说过的真理当作新思想重复。

他们得出的结论没有根基,也就不可能有任何积极、完备的收获……无论是科学上还是生活上……这里,"完备"指的是修完四项算术法则、德国的某些科学原理、英国的某些法律基础。他们可以在某种程度上轻率地转变,并从一个极端走向另一个极端,简直让我们目瞪口呆,原因正在于此。一代革命者蜕变成了专制制度的拥护者,一系列革命之后又重新产生了疑问:应该承认人权吗?能否接受合法形式之外的审判?应该容忍出版自由吗?……每次震荡之后这些问题都会重登舞台,由此可见,事实上什么也没有辨明,更遑论接受。

库辛①将这种科学上的混乱系统化了,并美其名曰折中主义(即略加改善主义)。生活中,这种混乱同等地充斥于激进派与正统派中间,尤其是温和派中间,也就是对己之所欲所不欲都茫然无知的人中间。

---

① 库辛(Victor Cousin, 1792—1867),法国哲学家,自称其哲学体系为折中主义。——译注

所有保皇派和天主教报纸都异口同声地对多诺佐·科尔特斯在马德里立法会议上的演讲欢呼不已。[2]的确，这个演讲在许多方面都非常出色。多诺佐·科尔特斯特别准确地评估了当代欧洲国家的可怕处境，他明白，它们濒临深渊，处于剧变的前夜，避无可避，在劫难逃。他所描绘的图景真实得令人不寒而栗。他描述的，是惊慌失措、虚弱无力、迅速滑向死亡、杂乱无章而奄奄一息的欧洲；另一边则是斯拉夫世界蠢蠢欲动，正准备大举扑向日耳曼—罗曼世界。他声称："不要以为，灾难将就此结束，斯拉夫民族之于西方，绝不似日耳曼人之于罗马人……斯拉夫人早就与革命息息相关……在驯服而被垢蒙尘的欧洲中间，俄罗斯张开了全部毛孔吸收毒素，它已沉湎其中并必将身死其手，必将以同样的方式腐烂下去。我不知道，上帝备有哪些良方来医治这普遍的腐败。"

在恭候上帝赐予良药之际，这位先知如此令人恐怖而准确地勾画出了未来的死神形象。然而您可知道这阴郁的先知有何高见？他以为，假如英国能够重新皈依天主教，那么整个欧洲就能够得救，教皇、君主政权和军队就可以力挽狂澜。他企图退回无望重现的过去，以摆脱严峻的未来。瓦尔德加玛斯侯爵的病理学让我们困惑。不是危险并没有那么大，就是手段太虚弱无力了。君主制原则在到处复辟，军队到处都趾高气扬，而按照多诺佐·科尔特斯及其盟友蒙塔朗贝尔本人的说法，教会也正在各地占据上风，梯也尔成了天主教徒，[3]一句话，压制、迫害和反动无以复加，而救赎却没有来临。难道就仅仅是因为英国还在叛教的罪恶中迷途未还吗？

人们总是指责社会主义者，谓其只善于批判、揭露罪恶。那么现在您该如何评价我们的反社会主义敌人呢？

……为了极尽荒谬，一家纯洁之极的杂志对多诺佐·科尔特斯极尽溢美之能事，并从一部编纂成的历史著作中节选了一段，刊登在同一期上。作品谈论的是基督教早期历史，论及了叛教者尤利安，很一般，不过正是它庄严地粉碎了我们侯爵的宏论。

多诺佐·科尔特斯完全站到了曾几何时罗马保守派所固守的立场上。他与那些人所见相同，即周围社会秩序在崩溃，恐惧攫住了他，这很自然，确有可怕之处。他也与他们一样，企图不顾一切地拯救它，然而除了遏阻、摆脱未来之外，别无他法，就像未来不是现存之物的当然后果似的。

他与罗马人一样，依据的是完全错误的一般资料、无凭无据的推测和主观的臆断。他相信，鉴于现有社会生活形式是在罗马、日耳曼、基督教原则的影响下形成的，故而也是唯一可能的。似乎古代世界以及当代东方本身提供不了另一种社会生活类型了；要知道它们建立在根本不同的原则之上，或许，是最低级的，然而牢固异常。

多诺佐·科尔特斯进一步认为，教育不可能再演变出不同于当代欧洲的形式。不难去附和多诺佐·科尔特斯，说古代世界拥有的是文化，而不是文明；诸如此类的精微要义只在神学辩论中才能大行其道。罗马与希腊非常有教养，他们的教育与当代欧洲的教育一样，是少数人的教育。不过数量差异在这里毫无意义，事实上他们的生活只是缺少了一个最重要的因素——天主教！

多诺佐·科尔特斯永远背向未来，只看到衰败、腐朽以及俄罗斯人的入侵，还有随之而来的野蛮。这可怕的宿命令其震惊，于是他在这个濒死的世界苦觅拯救之道，寻找支点，寻找某种牢固、健壮的东西，却一无所获。于是，他转而求助于精神和肉体的双重死神——即求助于教士和军人。

然而，必须如此挽救的社会制度究为何物？还有，无论它是何物，是否值得以此代价去赎救？

我们赞同多诺佐·科尔特斯,当前形态的欧洲正在毁灭。社会主义者一开始就反复谈到这一点,他们所有人也都赞同这一点。他们与政治革命者之间的主要区别在于,后者固守过去的立场,试图修正并改良现存秩序,而社会主义却全面否定世界的整个旧秩序,连同它的法律和代表机关、它的教会和法院、它的民法和刑法法典,这与早期基督徒全面否定罗马世界的情形相同。

这种否定不是病态臆想和任性胡为,也不是为社会所辱者个人的哀号,而是对社会的死刑判决,是末日的预感,是对痼疾的清醒意识。正是这顽疾将致老朽世界于死地,亦即使其得以另一种形态重获新生。现代国家制度将在社会主义的抗议中垮台。它已经精疲力竭,所能给予的已经全部给予了,现在只能靠本身的血与肉维持,既无力继续发展,亦无力阻止发展。对它既无话好说,更无事可做,它只迫使所有的行为都转向保守,转向故步自封。

在一定程度上阻止宿命的实现是可能的,历史没有那种定要恪守不渝、万世不易的使命,尽管天主教教士一贯如此训导,哲人们也一贯如此鼓吹。历史的发展公式中纳入了许多可变原则,其中,首当其冲的就是个人意志与力量。

可以让整整一代人步入歧途,迷惑他们,令其丧失理智,把他们引向虚妄的目标——拿破仑证实了这一点。

反动派却连这些手段也没有,除了天主教会和君主制牢狱,多诺佐·科尔特斯一无所得。因为信仰与否是强迫不来的……剩下的就只能是暴力、恐怖、迫害、严刑酷法。

……发展、进步中的很多东西可得到谅解,然而,如果是假成功与自由之名大搞恐怖清算,就会激起所有心灵的怒火。反动派正是企图利用这种手段来维持现有秩序,即便我们的演说家如此有力地证明了它的老朽和衰败。他们挥舞恐怖大棒,不是为了前进,而是为了倒行逆施；他们企图扼杀幼儿，以供养行将就木的老人，短暂恢复他那衰竭的精力。

还要流多少血方能回到南特敕令和西班牙宗教裁判所的祥和时代呢![4] 我们并非认为短暂阻滞人类的步伐有什么不可能，然而要做到这一点，巴托罗缪之夜却是必不可少的。必须把当代所有生机勃勃、勤思敏行者大举消灭、杀戮、流放、投入监狱，必须让人民陷入更深层的无知状态，并招募他们中所有身强力壮者当兵入伍，必须从精神上扼杀整整一代儿童——而一切都只是为了挽救衰朽的社会制度，这一制度却既不能满足你们，也无法满足我们。

那么，在这种情况下俄罗斯的野蛮与天主教的文明之间区别何在？

为某种国家制度这个大神莫洛赫，牺牲成千上万人的生命、整整一个时代的发展，好像那是我们生活的全部目的似的……仁爱的基督徒们，你们想过这一点了吗？牺牲他人，颂扬他人的自我牺牲精神，这太容易了，根本算不上美德。有时，在人民运动的风暴中，备受压抑的暴烈情感嗜血而无情，热望复仇，不可遏止，更无所顾忌。我们理解这些，也会垂首悚惧……但我们不会教导他们回归常规，不会对他们指指点点，就像指点着物事。

多诺佐·科尔特斯则对驯服而绝对服从的士兵大肆颂扬，其意图难道不正好相反吗？他不正是把一半希望寄托在士兵手中的枪上吗？

他声言，"神甫与士兵比人们想象的要亲近得多"。也就是将这无辜而又注定为社会驱使施暴的凶手同僧侣，即活死人相提并论。可怕的坦白！没落世界的两个极端携手了，正如拜伦《黑暗》中的两个仇敌，伸手相握了。在颓败世界的废墟上，智力奴隶的最后代表同肉体奴隶的最后代表为了拯救世界而联合起来了。

早在成为国教之初教会就与军队和解了,但是它从未敢于公开承认这一叛变行为,它明白这个联盟是多么虚妄、伪善,这是它向自己所鄙夷的暂时世界做出的无数让步之一。我们不准备就此谴责它,它必须接受很多有悖自己信条的东西;基督教的道德从来都只是崇高的愿望,从未实现过。

瓦尔德加玛斯侯爵却大胆地把士兵与教士、军营与教堂、免罪的福音与旨在杀戮惩过的军事训练公然并列了起来。

轮到我们吟唱"永恒的记忆"了,或者,如果您愿意的话,吟唱"祈祷词"了:让教会与军队同归灭亡!

假面终于脱落,化妆的人们互相认出了对方。毫无疑问,神甫与士兵是兄弟,二者都是蒙昧精神世界、极端二元论的不幸产儿,而在这二元论中人类死命挣扎,精疲力竭。于是,宣称"爱你亲近的人并服从威权",实质上就是在说:"服从当局并射杀你亲近的人。"

基督教的禁欲与根据命令杀害他人,二者违背自然的程度相同,必须让人的道德极端败坏,让所有最简单明了的概念、所有被称作良心的东西都混淆不清,才能够使人们确信,杀人可以成为神圣的责任,杀人可以不因为仇视,可以不用知道原因,也可以违背自己的信念。所有这一切依据的都是同一个基础、同一个根本错误,而人们为这个错误付出了多少眼泪和鲜血!所有这一切都源于对尘世和暂时之物的鄙夷,源于对上天和永恒的崇拜,源于对个人的不尊重和对国家的膜拜,源于诸如此类的箴言:"人民的福祉是最高法律,即使世界将毁灭,审判却必将实现。"这些箴言散发出焦尸、血腥、严刑拷打的浓烈气息,总而言之就是秩序胜利的恐怖气息。

然而多诺佐·科尔特斯缘何忘记了第三个兄弟,忘记了分崩离析之际国家的第三个守护天使——刽子手呢? 会不会是因为,刽子手被迫充当的角色使得他与士兵越来越混杂难辨了?

多诺佐·科尔特斯推崇的所有美德都简单地集中在了刽子手身上,而且是最高程度的集中:对当局的绝对服从、盲目执行与无限的自我牺牲精神。他既不需要神甫的信仰,也不需要军人的蓬勃士气。他只为了社会、为了秩序而冷漠地行刑,如法律般精确、安全。他堪与任何恶棍一比高下,而且通常都会胜出一筹,因为他的手依托着整个国家。他没有神甫的骄傲,也没有士兵的虚荣,既不期待上帝的奖赏,也不期待人们的奖赏;他既无尘世的名望、荣誉,也得不到荣登天堂的承诺。他牺牲了一切,名望、荣誉、个人的尊严,总是避开人们的目光,而这一切都是为了隆重地惩处社会之敌。

我们将公正地评价社会复仇者,而且,按照那位演说家的话,我们会说:"刽子手与神甫比人们想象的要亲近得多。"

每逢必须钉死"新人"或者斩首旧王朝幽灵之际,刽子手都会发挥巨大作用……梅斯特谈论教皇时都没忘了他们。[5]

……除了各各他,我还记起了迫害早期基督徒的那一段。读完这一段吧,或者最好是翻阅一下早期神父们、特尔图良以及罗马保守派中随便哪位人物的作品。那一切与当代的斗争惊人相似——同样激情洋溢,而且,一方拥有同样的力量,另一方则进行着同样的反抗,甚至用语都毫无二致。

塞尔苏斯、尤利安都指责基督徒不道德,执迷于乌托邦理想,并指责他们杀害儿童、败坏成人,毁家灭国,亵渎宗教,读着这些文字,感觉它们就像是《立宪报》或者《国民议会报》[①]上的社论,不过表述得更加聪明而已。

如果说罗马的秩序之友们并没有号召毒打、屠杀"拿撒勒人",那仅仅是因为,较之天主教市侩,异教世界更为人道,少一些宗教狂

---

① 两种报刊名称原文为法文。——译注

热,少一些不容异己的暴戾之气。古罗马尚未掌握西方教会发明的那些强有力手段,这些手段在屠杀亚尔毕教派、[6] 在巴托罗缪之夜都曾大显身手,至今梵蒂冈还保存着颂扬这伟大夜晚的壁画。壁画描绘的是消灭胡格诺教徒的巴黎街头教规大清洗——也正是在那些大街上,一年前市侩们虔诚地清洗了社会主义者。无论哪一种,本质是一样的,差异只在于其时其地的具体形势和人物。不过,这是于我们有利的差异。我们比较一下博沙尔和小普林尼的报告吧,气度宽宏的皇帝图拉真憎恶针对基督徒的告密行为,铁面无私的皇帝卡芬雅克对付社会主义者时则根本不屑坚持这种无用之见,[7] 不难发现,垂死挣扎的旧秩序已经山穷水尽,它既找不到特拉杨这样的捍卫者,也找不到普林尼这样的侦讯委员会记录人。

基本的警察手段也是一致的。一旦政府摸到了底细,基督教俱乐部即被军队封禁;基督徒被审判,无人听取他们的辩护,却会为一些细节、外在符号对他们大加责难,剥夺他们陈述自己学说的权利。正如现在我们大家被激怒了一样,如此行径也让特尔图良内心激愤,于是就有了他致罗马元老院的系列辩护书。基督徒被扔给野兽吃掉,在罗马,这些野兽就类似我们今天的警察。然而,宣传更有力了,侮辱性的惩处并不能贬损尊严,相反,犯人成了英雄——恰如布尔日的"苦役犯们"[①]。

看到所有措施都无济于事,秩序、宗教和国家最伟大的捍卫者戴克里先决定狠狠打击异端邪说,开始用剑与火攻击基督徒。

这一切结果如何? 保守派连同他们的文明(或文化)、军团、法律、扈从、刽子手、野兽用屠杀这种恐怖手段做到了什么?

他们只是证明了,保守主义的残暴和凶蛮可以达到何种程度,

---

① 即布朗基、拉斯拜尔、巴贝斯等。1848 年 5 月 15 日游行示威案。——译注

盲目服从法官、被后者变成刽子手之后,军人会成为多么令人不寒而栗的武器。同时他们也更加明白无误地证明,当某种言论的时代来临之际,所有这些手段都是多么苍白无力。

我们甚至要指出,某些时候古代世界反对基督教完全是正确的,因为后者为了乌托邦及子虚乌有的彼世学说动摇了现实世界。或许,当代保守派们对社会主义学说的个别攻击同样是正确的……但是正确又之何益? 罗马的时代过去了,福音的时代来临了!

所有这些恐怖、血腥、屠杀、迫害仅使得反动分子中最聪明之士,背教者尤利安发出了他那著名的悲鸣,他绝望的悲鸣如下:

"你赢了,加利利人!"[8]

《人民之声》①,1850 年 3 月 18 日②[9]

---

① 原文为法文。——译注

② 西班牙公使多诺佐·科尔特斯的演说先在柏林,后又在巴黎印刷了无数份,承担费用的则是那个以贫乏和大把花钱讲废话著称的普瓦提埃街协会。[10]我当时正在巴黎临时逗留,并与蒲鲁东的杂志关系极其密切。编辑们建议我写了这篇回应文章,蒲鲁东对之表示满意。然而《祖国》勃然大怒,是晚重申了关于"社会第三捍卫者"的滥调之后,责问检察官是否会追查此文,因为此文竟然把士兵与刽子手同列,而且把刽子手称作刽子手,而不是称作最高法院的执行人,等等。这家警察机关刊物的揭发自有其作用,一天后编辑部里已经一份报纸都没有了,而总发行为四万份,也就是《人民之声》的一般发行量。——作者注

致我的儿子亚历山大

亲爱的萨沙：

　　我想将这部书送给你，因为我还从未写出更好的作品，而且，完全可能，也写不出更好的作品了；因为我喜爱这本书，视之为我痛苦斗争的回忆——战斗中我丧失了很多，只是我还没有丧失认识真理的勇气；最后，我将之献给你，也是因为我不怕把这份个人抗议书交付你年少的双手——有些地方是粗粝的，然而它抗议的是控制着世界的整套谎言和伪善，是那些属于另一个时代的偶像，它们苟活至今，荒谬而毫无意义，却困扰着我们，威吓着我们。

　　我不想欺骗你，去探知真理吧，就像我一样。你不必通过苦难和错误获得它，获得这份真理，你可以通过继承的权利获取它。你的生活——请相信这一点——将面临新问题，将出现新冲突……你绝不会缺乏苦痛和艰辛。

　　你才十五岁，可你已经经受了最可怕的不幸……此乃伟大的洗礼。

　　不要试图从这些书页中寻找解决之道——无论此书还是其他地方都没有什么解决之道。那已经解决的，也就意味着终结了，而革命才刚刚开始。我们不是在建设，我们是在破坏，在清除障碍。我们不是在宣告那些新的发现，而是在消灭旧的错误。

　　现代人，可悲的献身者，只是在搭设浮桥。强大的陌生人……

未来的他者将通过这座桥梁……或许,你能看见他……那时你就会跟随他过去。因为宁可在革命中毁灭,也比在反动势力的收容所中苟活强。

革命的宗教,伟大的社会重塑的宗教——这是我遗赠予你的唯一宗教。此教不信奉复活,不信奉报应,只信奉自身的良知。

到时候你去吧,回家去,传布她的福音。那个世界曾经有人热爱过我的声音,也许有人会记起它……为了人类智慧、个人自由和对亲近之人的爱,祝福你走上这使徒之路。

> 你的父亲
> 退肯厄姆
> 1854 年 12 月 5 日
> 11 月 23 日

ADDIO！

　　我们的分别还将持续很久——也许是永远。现在我不想回去，况且，有无回去的可能也还不得而知。你们等待过、现在依然在等待我的归来，我必须向你们解释缘由。我只有责任向你们解释自己的缺席、自己的行为。欧洲进行着的一切让那个专制政权惊恐万状而凶恶无比，它镇压了所有思想运动，并用它沾满波兰人民鲜血的双手割断了六千万人民与正追求解放运动的人类的联系，扑灭了照亮少数人的最后一点微弱火光。当此之际，无法克制的厌恶感，以及内心那有力的、不可战胜的声音不允许我跨过俄罗斯的边界。不，我的朋友们，我不能回到这个大雾弥天、肆无忌惮的帝国，我不能踏上这个只能无声无息地屈服、只能莫名其妙地牺牲、只能被布团塞住嘴巴的帝国——直到那个政权被徒劳的企图和风起云涌的反抗削弱、衰退，承认一个俄罗斯人身上某些值得尊重的东西为止。我也将一直等到这样的时刻为止。请不要误会，我在这里找到的绝不是喜悦、消遣、休息，甚至不是个人的安全，我也根本不知道，如今谁能在欧洲觅得喜悦和休息，能在地震之际获得休息，在激烈的殊死搏斗中求得欢欣。你们从我信中的每一行里都只看到了忧伤。这里的生活非常沉重，恶毒掺进了爱，胆汁掺入了眼泪，焦虑不安折磨着整个身心。昔日的诺言、希望一去不复返了，除了一小批人，屈指可数的几种思想以及绝无阻止事态发展的可能性外，我什么都不

142

相信。我注视着旧欧洲不可挽回的走向衰亡，却并不怜惜现存的任何东西，既不怜惜她的文明，也不怜惜她的自由制度——这个世界中没有我热爱的东西，除了她所竭力摧残的，而除了她所疯狂戕害的，我也什么都不尊重……可是我要留下来——留下接受双重的折磨，为自己的，也为她的苦难承受双重的折磨。她正飞速走向混乱和崩溃，或许，在这个进程中我也将随之毁灭。我为什么还要留下？我留下，因为这里有斗争，因为，尽管有鲜血和眼泪，这里还是正在解决着社会问题，因为在这里折磨虽然同样让人不可承受，却是公开的，斗争是公开的，谁也不藏头缩尾。战败者将遭到不幸，可是他们不会在战斗前即被战胜，不会在说出自己的话之前就被剥夺了说话的权利。暴行是令人发指的，但那抗议的声音同样强劲有力，自由与未来的战士们常被送上大桡战船，手脚带着锁链，可是却能仰着头，说出自由的言语。哪里的言论自由还没有消亡，那里的事业就还没有消亡。为了这种公开的斗争，为了这发表言论的权力、这种公开性，我留在这里。为了它们我可以献出一切。为了它，我可以献出你们，献出我的一部分财富，或许，还将在饱受迫害而坚贞不屈、刚毅的少数人队伍里献出生命。

为了这言论的自由我暂时割断了或最好说是削弱了与民族的血肉联系，正是在这个民族中我发现了自己灵魂里那么多的明澈和阴暗之处，她的歌声和语言就是我的歌声和语言，我与这个民族一直在一起。我深切同情这个民族中无产者悲惨的哭嚎及其绝望的英勇。做出决断我付出了很大代价——你们了解我的：我压抑了内心的苦痛，经历了艰苦的斗争，献出了一切，赢得了承受双重痛苦之权——然而那是真正的人的痛苦，我也赢得了牺牲之权——然而那会是在公开的战斗中。我做出了决断，不是像一个激愤难忍的青年人那样，而是冷静思考了何去何从、成败得失之后做出了决断。整整几个月我都在思考、权衡、犹豫,并终于决定"为了人的尊严,为了自由的言论"牺牲一切。我无法去考虑后果,那不是我所能把握的——它们把握在反复无常的命运手中。直到命运用圆规不仅勾画出了我们的言语,也勾画出了我们的行动之前,她的捉弄都被忽略了。我能够把握的只是绝不俯首帖耳——我也没有俯首帖耳。

有不服从的可能而违背自己的信念去服从,乃为不道德。于我,屈从终于已成几乎不可能之事。我亲历了两次革命,我曾经生活得太自由,我无法再让自己套上枷锁。我体验了人民的激情、自由言论的欣喜,熟悉了广场和俱乐部。我不能再次封闭起来,即使是为了与你们一起承受苦难。如果仍然有共同的事业要求我抑制个人的需要,也许,我会有力量这样做。可是,此刻我们共同的事业在哪里? 在你们那里没有自由人立足的土壤。今后你们或许还会召唤我? 我们要去斗争,而去沉重地受难,去面对毫无结果的沉默,去屈从——无论如何都不行。请向我提出一切要求,可是别要求我虚伪,别逼我重新表示效忠——请尊重我内心作为一个人的自由。

个人自由,不为任何关系所束缚,此乃崇高的事业,在她之上,也只有在她之上可以成长起真正的团体自由。人应该尊重自身的自由,尊重它不亚于尊重周围的他人乃至整个群体的自由。如果你们坚信这一点,你们就会同意,现在淹留于此——这是我的权利,我的责任。这是我们那里个人所能进行的唯一抗议:他要为自己人的尊严做出这一牺牲。设若你们只因为爱才原谅我,不把我的远走他乡称作逃跑,却非基于理解、共鸣的支持,则这将说明,你们还没有完全自由。然而我知道你们不会如此。

我明白,可以用浪漫的爱国主义和世俗的不睦来反驳我,可是我不能承认这些陈旧的观念,我受过它们的影响,我摆脱了它们并正是要与它们战斗终身。这些罗马和基督教观念的余烬最为妨碍对自由的真正理解——健全的、澄澈的、成熟的理解。整个自由主义时代都是在它们的影响下发展的,故而没有解放任何东西,正如新教时代一样,它只是铺垫了道路。不错,它曾努力解放世上的一切:阶层与职业、民族与土地、科学与商业,可是没有解放个体的人,每一个人,具体的人,因此,实质上它没有解放任何东西。与过去一样。个人在每一次同集体的冲突中均难免成为牺牲,他在国家面前苍白无力,依旧是奴仆。正是为了反抗这一点,社会主义兴起了,终于,它能够勇敢地宣布,国家为人,而非人为国家,也正因此横遭指责与诅咒。幸运的是,在欧洲,理性和长期的发展修正了官方的理论和荒谬的法律。生活在欧洲的土壤上,人们也就是生活在受到两种文明滋养的土壤上,长达两千五百年的生活和思想道路不是白白走过的,许多人性的东西完成了,不依赖于外在的设施,也不依赖于官方秩序,甚至与理论知识和宗教信条矛盾。悠久的历史在心灵的深处沉淀了某种不自觉的、在任何法典上都未写明的道德因素,正如一切还未成自觉的需求一样,它有时会黯淡无光,隐没无形,但却总会重新浮现出来,并作为某种自然的、毋庸置疑的、习以为常的、甚至是必须的东西存在,因为它已经成为本能,成为固有反应。对个人、言论、思想的尊重在欧洲生活的所有形式、所有阶段都有所表现,即便没有正式条文规定,却是有效的社会舆论和既定事实。罗马的公民观,基督教的僧侣观,封建的骑士观,这些都使当局习惯了认可人们在其面前具有一定的尊严。很快,在等级制度之外,天才要求得到承认,于是天才成为了一种力量。要知道,萨弗纳罗拉①给亚历山大·波吉亚、路德给整个天主教会带来了多少麻烦啊,在欧洲历史的所有时期,甚至在最糟糕的时期,您都能找到这类强有力

---

① 萨弗纳罗拉(1452—1498),意大利宗教改革家。——译注

的个人,而敌对者也不敢随意将他们永久流放。德意志小邦国的暴君们曾经都是独裁者,为什么他们没有制服斯宾诺莎、莱辛呢? 因为他们不敢。在这一妥协中,在这不单单对物质力量,也对精神力量的尊重中,在对个人的这一不自觉的承认中,蕴含着欧洲历史上一条伟大的革命性原则,设若此原则并不能拯救它于未来,也可因其过去而享有当之无愧的赞誉,并且能够把真正的自由传给未来数代人。

我们从未有过任何相似的东西。我们这里个人总是被压制、被吞没:它甚至都不会试图公开表达什么,假如表达了,其结果就是库尔布斯基公爵①,离乡背井。在我们这里自由的言论总被看作是粗鲁、是别有用心——是谋反;人消失在团体里,融没其中。所有的个人权利都通过宗法制度转移到团体首领、公爵身上了,至今作家中仍不乏这一制度的支持者,我绝不怀疑他们的真诚。公社是我们的伟大褪裤,我们携之以踏上了历史的轨道;我完全肯定其价值,我在这里宣传它两年多了。然而那里面,正如共产主义一样,缺乏足够的个人因素——而这是行动、发展、自由的永恒酵母。正因为此公社没能充分发展起来,而是在停滞中等到了巨人的出现,这个巨人愤怒地与之展开斗争,用其巨手将旧体制中好的坏的统统摧毁殆尽。彼得一世改革用欧洲的公文程序取代了罗斯陈旧的地主式管理,所有能够从瑞典和德国法令中照抄的东西,所有能够从荷兰市自治政府照搬到村社独裁国家的东西全被照抄照搬过来了;然而没有写在纸上的,从精神上约束政权的东西,对个人权利、对思想、对真理权威下意识的承认不能够照搬过来也没有照搬过来。我们的奴隶制同文明一起增强了,国家成长了,完善了,可是个人失败了;

---

① 库尔布斯基·安德烈·米哈伊洛维奇(1528—1583),保守的大贵族思想家。——译注

相反,国家变得愈强大,个人就愈弱小。欧洲的行政与司法制度、军事和民事体制——在我们这里发展成为某种丑恶的专制。假如俄罗斯不是那样巨大,假如取自异域的政权体系不是那样混乱地被设置起来又那样无序地运转着,可以毫不夸张地说,没有一个具有个人尊严意识的人能够在俄罗斯生活下去。公社生活让俄罗斯人因循守旧、顺从、驯服,需要经过艰难的启蒙,才能使之幡然醒悟。俄罗斯的帝制政权远远超过了罗马和拜占庭,尽管保留了前者的军事特质和后者的东方式奢华。政权的娇宠没有遇到丝毫的抵抗,常常达到肆无忌惮的程度,这种肆无忌惮在任何历史上都无堪与比拟之物。五十年前在位的保罗皇帝可谓其技艺娴熟的诗人,从他的故事中你们可以认识到它的手段。抛开保罗变化无常、热衷幻想的个人因素,你们会发现,他绝非独一无二的怪物,他热衷的准则,不仅体现在所有君主身上,也体现在每一个省长、每一个警察分局局长、每一个地主身上——这真令人不寒而栗!这个分为十四等官阶的等级官位制度的每一层都沉迷于独裁。在政权的所有行为中都能看到厚颜无耻——我无法用别的词来称呼这种公然的恶行,欧洲政府出于对人的尊敬尚会为自己的丑行蒙上一层遮羞布——能看到对自己全无责任意识的大肆吹嘘,看到这样令人屈辱的意识,即个人什么都可以承受:三套马车、限制发放出国护照的法令、工程学院里的树条抽打改造,于是在18世纪小俄罗斯承受了农奴制,于是最终全罗斯都相信人可以买和卖,而没有一个人去质疑,这一切的法律基础是什么。我们的政权高度自信,比土耳其的同类更加自由,没有任何东西可以阻止它:于它,不存在任何过去——它抛弃了本民族的过去,而欧洲的过去更与它毫无关联,它不尊重民族性,不知道人道为何物,与现在它则只有对抗和斗争。从前,叶卡捷琳娜时代,亚历山大时代,政府还在邻国面前感到羞愧,而现在它却认为自己有责任成为所有压迫政府的榜样——如今它是在教导了。

然而这一切你们都再清楚不过了。我们目睹了帝制最粗暴、最可怕的发展，我们看到了它同自由的第一场斗，即刻就丑态毕露了。我们在恐怖中，在秘密警察黑色羽翼的笼罩下，在它的利爪下面长大：我们在骇人听闻的压迫下垮掉了，我们目睹了这个政权肆无忌惮地公然打出"君主独裁"的大旗，似乎"独裁"是俄罗斯民族的全部目的似的。我们是幸运的，没有陷入绝望，摆脱了令人窒息的影响，但这些尚不够，该是解放双手、言论以行动起来、树立榜样的时候了，该是向这个政权表明我们也要求自己之专政的时候了；该是唤醒昏睡的民众意识的时候了。然而，当呐喊与直陈其辞也未必就能被听到时，窃窃私语、漫无边际的暗示能唤醒他们吗？需要切实告诉那些偶尔或者较为站到前列的人，他们实际上是渴望自由的，为了解开绑缚他们的绳索，他们愿意牺牲一切。我们退让得够多了，然而有所助益吗？而当你身边布满密探，没有丝毫辩护和公开申诉的权利时，你又如何能不退让！公开的、直接的行动是必须的，为什么 12 月 14 日事件如此强烈地震动了整个年轻的罗斯？原因就在于它发生在伊萨基耶夫广场。现在，不仅广场和集会绝无可能，连著书和讲台亦不可指望。剩下的，只能是个人在静默中努力或者个人从远方发出抗议。我们只有一个讲坛，即在俄罗斯之外的讲坛。我留在这里不仅仅因为我憎恶跨过边境后要重新带上枷锁，而更为了能够工作。在任何地方都可以游手好闲；而在这里，除了我们的事业外，我没有任何其他事情。我远没有绝望，完全相反，我还从来没有如此坚信过俄罗斯的未来。专制的践踏没有摧垮她，她只是因为年轻而忍受了这一点。然而这不会持续很久，我们根据自身即可如此判断。俄罗斯的侨民现象开始了，这绝非偶然、例外，而是一个显著的征兆。我们的思想不能再忍受狭隘的检查制度，我第一个开始在欧洲办起了出版事业——人们将会看到,我是否也会是最后一个。谁二十余年来在心里固守着一种思想,谁为它受难并靠之而活,为之坐牢、流放,谁因之求得了一生中最美好的那些时刻、最幸福的相会,谁就绝不会放弃它,就不会让它的存在屈从于外在的需要和地理上的经纬度数。完全相反,我在这里更有益,我在这里就是你们不需要经过检查的言论,你们的自由刊物,你们的代表者。这一切只对于我们才是崭新而奇怪的,实质上,这没有任何不同寻常之处。在所有国家中,革命之初,思想的力量还很微弱,而物质的政权却不受约束,忠诚而积极行动者就会逃离,他们自由的言辞从远方传来,而正是这"从远方"把他们的力量和权威注入言语之中,因为从言语后面显露出了他们的行动、牺牲。他们言语的力量随着距离的增大而增强,正如从高塔上推落的石头滚动的力量会增大一样。侨民现象是革命临近的第一个征兆。

身处国外的俄罗斯人还有另一项任务。是让欧洲真正认识罗斯的时候了。欧洲不了解我们,除了我们的政府外对之一无所知。情势对于这一介绍是非常有利的,她现在不再那么骄傲,也不再傲气十足地故步自封于无知而藐视的长袍中。现在这里充斥的不再是优越感,而是目光的鄙陋、短浅,以及卡斯蒂利亚贵族式的可笑的傲慢:而实际上他们已经是衣衫褴褛。自从欧洲遭受了市侩共和国的统治和阿尔及利亚哥萨克的蹂躏,自从它自多瑙河到大西洋岸边都陷入戒严状态,自从监狱、大桡战船挤满了为信仰而受难的人们,欧洲就再没有理由傲视俄罗斯。在战场上这个民族取得了胜利,它不得不赞赏这个民族青春的力量,那就让它更进一步认识这个民族吧,让我们向它讲述这个强大而令人难解的民族。这个民族悄然组织起了一个五千万人口的国家,如此强健而令人惊异地成长起来,同时,不但没有毁掉其村社制源头,而且第一个带着这个源头经历了国家发展史上的第一轮更迭；在蒙古敌寇和德国官僚的枷锁下，在粗野的军曹棍杖下和可耻的鞑靼长鞭下，这个民族近乎神奇地保全了自己，而在农奴制下它也保全了自己庄严的特征、富有活力的智慧和开阔、丰富而狂放不羁的天性。为了回答沙皇文明化的命令，一百年后他即通过普希金的隆重登场回答了。让欧洲人认识自己的邻居吧，他们只是害怕他，要让他们明白，他们害怕的是什么。要让他们明白，哥萨克一词绝非自由人一词的反命题，我们自然的、半野蛮的习俗中蕴含有他们期待的理想，而他们开掘的最新一个词正是我们由之而始的第一个词；我们正朝着社会主义前进，正如当年德国人朝着基督教前进一样。我们至今还是不可原谅地谦卑，而且只意识到了自己难堪的地位，却忘记了那有着无限希望和发展前景的优越之处，而那才是我们民族生活的精华。我们等着德国人来向欧洲介绍我们，这不令我们羞耻吗？

　　这就是此次我想向你们倾诉的一切。现在我们要分别了，长久地分别了……请向我伸出你们的友谊之手，也给我帮助，这两者我都需要。谁能知道，最近我们还有什么没看到过！或许，不久的将来，正如期待的那样，我们相聚的那一天就会到来，就像曾经有过的，我们会在莫斯科无所顾忌地举杯欢呼："为自由和友爱干杯！"心灵不愿意相信这一天遥遥无期，相逢无日的念头让它窒息——似乎我永远不会再看到这些无数次漫步其间的街道了，我也永远无法再看到那些在回忆中变得如此亲切的房屋、我们俄罗斯的村庄还有俄罗斯的农夫了吗？……不可能！可是，如果呢？那我将把这份祝词遗赠给我的孩子们，在客死异国之际，我仍将坚信俄罗斯民族的未来！

一、暴风雨之前

"……我同意,您的观点中充溢着勇气、力量、真理,甚至不乏幽默感;然而我不能接受它,我觉得这是因为身体的原因。除非您学会更换血管里的血液,您是不会有信徒的。"

"很有可能。可是您开始喜欢我的观点了,您在找生理原因,在求助于天性。"

"只是,可能并非为了获得安宁,摆脱苦恼,像歌德那样,高踞俄林波斯圣山之巅,坦然俯瞰世事汹涌,欣赏这场混乱,看它扰攘不休、欲罢不能。"

"您话中带刺,可我不是您说的这种情况。如果我曾经努力去理解生活,则我这样做并没有任何特定目的,我是想明白些什么,我是想望得更远些。听到的一切,读到的一切都没给出满意的回答,都没解释清楚,而相反,它们自相矛盾甚或荒谬。我没有去寻求过安慰,也没有绝望,这是因为那时我年轻。现在,我珍视任一瞬间的慰藉,任一次短暂的欢悦,它们却越来越少了。我曾经只寻找真理,寻找力所能及的理解。我不知道是否懂得了很多,明白了很多。我并不以为我的观点特别令人快慰,可是我平静多了,不再为了生活没有给予她所不能给予的而气愤难平,这就是我炼就的一切。"

"而我,就个人而言,则既不想平息怒火,也不想抑制苦痛,这也是人的权利,我也不想放弃它们。我的愤怒就是我的抗议,我不想和解——而且也根本就找不到和解的对象。"

"您说,您不想抑制苦痛,这也就是说,您不想接受您自己的思想所发现的真理。您拒绝逻辑,您只允许自己在接受还是否定后果之间选择。这又是那位英国人的故事,他终生都不承认拿破仑是皇帝,但这并不影响后者两次加冕。固守同世界的割裂状态,这不仅会让人不合逻辑,甚或陷入虚幻之境(人总是喜欢强烈的效果、影响,特别是悲剧性的;喜欢磨难,那很崇高,人甘愿因之遭到不幸)。而且,请不要生气,更会让人畏惧困难,害怕面对真理。这就是为什么许多人宁愿受苦而不愿去弄清本质;苦痛转移着、控制着、抚慰着……是的,是的,是在抚慰着人,而主要问题是,正像所有的事务一样,它妨碍人深入地理解自己、理解生活。帕斯卡说过,人们打牌是为了不至于一人独处,因为人害怕某种发自内心的声音。我们不断寻找着这样那样的牌局,以便回避真相,让外在活动控制自己。人们的生活就是一次次逃避自我,准确地说是人为良心的谴责追逐,为此惊惧不安。人一学会站立,就会开始叫喊,以便不要听到内心的声音,他忧伤,迫切需要摆脱,他无所事事,于是就想法消遣,因为憎恶孤独,他跟谁都交朋友,仓促结婚成家——这是风平浪静的港湾,家庭里的和平与战争不会给思想留下多少位置,居家的正经人想得太多简直有些不成体统。而如果连这种生活也过不成,他就会沉湎于一切——美酒、古钱币学、赌博、植物学、打猎、神话,他会遁入神秘主义,成为耶稣会士,投入荒谬的苦行生活。然而,较之于那危险的真理,这种生活于他们还是要轻松得多。在这种对求索的恐惧中——因为害怕看到研究对象的荒谬,在这强作的忙乱中,在这些虚假的不幸中,我们用臆想的羁绊一步步裹住自己,懵懂一生,致死不醒,在荒诞与琐事的烟尘中死去。滑稽剧结束了,落幕吧!只要不涉及内在的、生命的问题,人们在所有方面都是既聪慧、敏锐,又勇敢无畏,比如,他们会把自己当作自然的旁观者,潜心研究——适用的完全是另一类准则、另一种方法。如此害怕真理、害怕求索岂不荒唐甚且遗憾? 不错,许多梦想会黯然失色,我们将不是更轻松,而是更加沉重,可是反正我们也不可能更道德、更可敬、更勇敢了。假如人们在人身上继续努力参透自然,如果他们能通过自然理解自身,又通过自身理解自然,理解自身与之不可分割的联系,他们当会大笑着走下自己的台座和议席,把生活看得简单些,不再为生活没有执行他们高傲的命令、实现他们个人的臆想而怒不可遏。您曾经期待于生活的完全不是它给予您的,您却不去评价它所给予的,只充满了愤怒。这看上去挺好——愤怒带来一股锐气,让人奋勇向前;可是这毕竟只是一个开始,不能仅仅去愤怒,不能在哀叹失败、在内心的冲突与失望中碌碌一生。您坦率地告诉我,您凭什么确信,您的要求肯定就是真理?"

"它们并不是我的臆想之物,它们是从我胸中生长出来的,我对它们思索得越多,它们的公正、理性就越发明显——这就是我的证明。并且这绝不是什么怪胎,也不是癫狂;成千上万的人,可以说我们整整一代人几乎都在受此磨难,不过轻重有别而已,因为环境、发展的程度各异。许多不幸的人为物质生活重担所压,甚至没有闲暇去痛苦;还有一群左右逢源的庸人,卡隆[①]既不容他们靠近天堂,也不让他们进入地狱。抛开这两类人不谈,则我们时代最显著的特征就是普遍的不幸、压抑着现代人心灵的难耐的苦闷,以及某种对精神软弱无力的意识。我把您看作例外,此外您的淡漠也让我觉得可疑,它像是一种冲淡了的绝望,这样的淡漠,只有那种不仅没有了希望,同时也没有了绝望的人才会拥有。这是不自然的平静。您多次

---

① 卡隆,希腊神话中冥河上的摆渡人。——译注

重复说，自然的一切行为都是合乎真理的，那么它在这样的不幸和重负中也应该是符合真理的，这一事实的普遍性使自身获得了这样的权利。您要承认，根据您的观点恰恰难以反对这一点。"

"哪里谈得上反对，我最好的选择就是同意您的意见。显然，您谈到的沉闷现状有权得到历史的辩护，然而它更有权找到摆脱自身的出路。磨难，痛苦，这是在召唤人投入斗争，这是警报，警示我们注意危险，而有时也是在预示死亡的临近。历史中也正是如此。我们生活其中的世界正在死亡，对于如此老朽的躯体，任何药物都绝无回天之力。要想让后继者呼吸舒畅些，就必须将之埋葬，可是我们却千方百计企图使之痊愈。你肯定看到过这样的情景，如果家中躺着濒死者，那浓重的忧郁，那难耐的不可知就会在家中弥漫。怀抱的希望会让无望更加强烈，所有人的神经都紧张异常，于是健康人也病了，事务停滞了。病人的死亡会让生者松一口气，他们会流泪，但这种致命的等待没有了，不幸就在眼前，一清二楚，无可挽回，斩断了一切希望，于是生活开始医治一切，寻找抚慰，新的循环开始了。这种现象同样存在于震动整个社会机体的巨变前夕，巨变中一方在灭亡，而另一方则获得了控制权。我们生活在这样的巨变时期，总是试图在必须破坏之处竖起支撑危局之柱，又怎能不陷入苦恼与绝望的深渊呢？更何况上几个世纪培育起了我们忧郁、伤感以及不自然的、病态的苦闷情绪，培养了我们高度的浪漫主义个性。所有鲜活的东西都备受压制，思想才刚刚开始敢于提出抗议，其状况就像中世纪犹太人，狡狯必不可缺，瞻前顾后，谨小慎微。我们的智慧正是在这样的影响下形成的，它长大了，在这病态的氛围内部发育成熟，获得解放。它从天主教神秘主义转到德国的唯心主义，并保留了对一切自然之物的恐惧，继续谴责受到蒙蔽的良心，它以抽象、普遍观念取代了形形色色的偶像，并对之抱持同样的盲目崇

154

拜。与此同时,在浪漫主义的痛苦中,在极为现实的忧郁(因为日常生活的不成熟)和束手无策中,它与生活依旧是对立的。自幼被恐吓、打压的我们,是否真的早已不再恐惧地拒绝心灵中那些最无辜的动机？时至今日,我们中间是否还有很多人依旧明白骄傲本不是什么罪过,明白没有自私就不会有爱,明白在某些情况下谦恭是卑鄙的,明白寻求愉悦是完全正当的？当我们在自己内心发现证明个性完美、却没有列入浪漫主义名册的激情和充溢的力量时,我们是否早已不再惊惧得发抖？这种不自然的生活本身就会导致内心悲惨的割裂,而陈旧的社会制度,这垂死者喋喋不休的嘶哑声音,进一步使这种割裂成为现实。你方才说过,折磨你的需要是自然发展起来的,这既对又不对。一切都是自然的,饮食糟糕与气候恶劣都会让淋巴结结核很自然地长出来。然而从机体的角度,我们仍然把疾病视作偏差,视作某种强行移植、塞入之物。在精神领域同样如此：教育对付我们,正如汉尼拔的父亲对付自己儿子那样。它让我们在认识之前就立下了约言,为我们套上精神枷锁,我们却认为这东西是责任、命运,因为那些假仁假义迷惑了我们,我们只能认命,因为很难摆脱过早被嫁接的东西,最终也懒得去探明究竟。在我们获得理解能力之前,教育先行欺骗了我们,让孩子相信那些不可能之物,割断了他们与对象间自由而真实的联系。成长中我们发现,思想也好,日常生活也好,不知何故一切都不是那么井井有条;我们被灌输说可资依赖的东西是腐朽的,而警告我们说赛过毒药的那些东西却恰恰有益健康,我们饱受摧残,备受愚弄,习惯了服从权威和指示,突然我们一下子独立了,每个人都凭借自身的力量寻求真理,一路充满着斗争和错误,饱尝挫折和痛苦。因为急切地要知道真相,我们在门外侧耳倾听,竭力透过门缝观望,我们蒙昧而装腔作势,把真理当作谬误,而把对谎言的蔑视当作了粗鲁。我们既不能理顺内在的生活,也不善于安排外在的生活,然而我们却不乏额外的要求,也不吝抛弃更多的东西,我们鄙夷那可能的,再因为,可以说,被那不可能的东西鄙视而怒火中烧,我们怒视自然的生活条件,却屈从于任何胡言乱语。难道能说这是智慧吗? 我们的全部文明就是,她是在精神的内斗中、在形形色色的不自然状态中成长的,离开教派和修道院之后,她不是走向了生活,而是信步一走,正如浮士德,看一看,反省反省,然后就远远离开那些愚蠢的大众,远遁客厅和沙龙、教室与科学院之中。她一路高举着两面大旗:一面旗帜上写着"心灵的浪漫主义",另一面则是"智慧的唯心主义"。所有人为的折磨,我们所谓的生活中所有的杂乱无章即来源于此。我们不爱简洁明了之物,我们的传统就是不敬重自然,而是企图掌控它,我们企图用咒语医治病人,病人没有轻松些,于是我们万分惊讶。物理学的独立性让我们觉得受到了侮辱,我们想要的是炼金术,是魔法;我们自身的躯体让我们倍感屈辱,因为它贬低了我们。然而生活与自然无动于衷,有条不紊,只有当人学着用它们的方式来行动时,才会顺从于人。"

"看来您把我当成德国诗人了,而且还是上世纪的诗人,他们恼恨自己竟还有一副躯壳,还要吃饭,他们寻找非人间的女郎,寻找"别样的自然、更好的太阳"。我求学于德国,但内心仍是一个托斯卡纳人。意大利人的性格,自然而和谐,主要是非常务实。我们知道,没有任何地方自然能比我们的更好,女人能比我们的更美,阳光能比我们的更加明媚。我根本不想要魔法,也不想要那些秘密的宗教仪式,我只想摆脱那种精神状态——这种状态在你身上显然更强十倍——只想摆脱精神的虚弱无力状态,摆脱不可侵犯的可悲信念,摆脱混乱,在如此状态下我们已经不再明白,谁是敌人,谁是朋友。去哪儿都行,只要摆脱这个世界——在这个世界,无论往何处看,看见的不是被虐者,就是施虐者。无论哪种魔力,无论哪种理想,只要能迫使人们明白,他们何以活得这么糟,向他们解释清楚这样的事情,比如,我不知道恰当与否:抢劫赤贫的人是不好的,在饿得奄奄一息的人旁边大吃大喝是可恶的;而杀人,无论是暗夜之中在大道上秘密截杀,还是光天化日之下在广场上公然屠杀,都是丑恶之极的;还有,言行不一是可耻的。一句话,你简直无法让人们明白那些新真理,而自希腊七圣以来这些真理一直在被谈论、被重复、被著书立说——而且,那些真理即使在希腊圣贤时代也已经很古老了。然则人们为何要谈论这些,重复这些,我不明白……说实话,简直能让人发疯。您只需随便在街上找谁谈谈这个话题,任何人都能给您讲出一大套道德理论、社会主义理论……"

"会讲出一堆荒唐话,就跟这人生活的真实环境一样荒唐,因此说实话,人们言行不一,这没有什么好遗憾的。不幸的是,我们的思想已经远远地跑在了前面,甚至已经触及了根本的变革,却无力完成。我们的乌托邦理想是属于少数选民的,人民对这些人知之甚少,这些人对人民亦然。现在我们恍然惊醒,于是开始向落后者喊叫,挥手召唤他们,然而为时已晚:相距太远了,声音传不到那里,况且所用的语言也不一致。"

"那么,您是否会建议走回头路?不同意?那么怎么做?"

"只要我们还害怕那些让人不快的真理,甚至害怕仅仅是我们尚未习惯的真理,那就什么都不要做。我们生活的世界年迈昏聩,腐朽贫弱,它显然无力登上自己向往的高峰,也根本就无所作为,承认这一点让我们倍感痛苦。我们怜惜它,怜惜的结果是我们同时维护它和自己的那些信念,而那些信念的第一个字母却就是对它的死刑判决。我同意,人们和社会接受的是一个大库房,难以摆脱,特别是那些旧形式就摆在眼前的时候:我们太习惯它们了,就像习惯自己的服装,尽管它们完全不是按照我们的尺码,而是按照旧的尺码剪裁的。的确非常困难:人们的脑袋是在前代环境的影响下成熟的,胜任不了太多的事情,其所见多是立于一个错误的角度。人们历尽艰辛才获得了现代生活方式,经历了封建时代的各种疯狂和单调的压迫之后,这种生活在人们看来是如此幸福、安逸,他们守护它,害怕改变。人在其中人发福了,住惯了,习惯又成为依恋,于是视野收缩了,思考的范围狭隘了,意志衰颓了。"

"美妙的图景!只是请再加上一条。在这些适应现代秩序、心满意足的人身旁,一边是贫困、未真正开化的人民,落后、愚昧而饥肠辘辘,他们无望地挣扎着,工作繁重;另一边则是遥遥领先的我们。我们是土地测量员,竖起了新世界的地标,却甚至从未看到过打好的地基。所有的期望,全部的生命,一切都流逝了(又是怎样流逝的啊!)。只有一样东西保留了下来,那就是信心。我们相信,为未来大厦的建设清理出了位置,我们死后,很久很久以后的某个时候,大厦会落成,他人将舒适、惬意地安居其中。"

"甚至,然而,没有理由认为,新世界将按照我们的计划建成……"

年轻人不自觉地地动了动脑袋,看了一会儿海。海上依旧风平浪静,浓厚的乌云漂浮在头顶,而且如此低沉,似乎桅杆都能碰到它们了。海变得黑沉沉的,空气混浊不堪。

"听我说,"几分钟后年轻人微笑着说,"您是个匪徒,而我则是旅客。您抢走了我的一切,却依旧嫌少,您把我从头到脚剥个精光。您抢走了我的未来、希望……"

"而我却觉得自己更像一个外科医生,在割除腐肉。"

"也许吧,反正是一个样,还更贴切,外科医生把身体割掉一大块,可是并不用健康的来取代。"

"然而会一路救死扶伤,让人从痼疾中解脱出来。"

"我们知道您所谓的解放。您打开监狱的大门,试图把劳动者推向空旷的原野,并让他相信,他自由了;您毁掉了巴士底狱,却不推出任何东西以取代这堡垒,只留下空空荡荡的土地。"

"假如能如您所言,那简直太好了。不幸的是处处有废墟、垃圾妨碍,让人举步维艰。"

"妨碍什么? 我们的使命、事业到底在哪里? 我们的旗帜在哪里? 我们信仰什么?"

"我们信从一切——就是不信从自己。您寻求的是找到一面旗帜,而我寻求的是丢弃它;您渴望得到指示,然而到一定年龄了依旧被人指使着去读书是一种耻辱……不过,我要跟您说,您刚刚说过,我们竖起了新世界的地标……"

"我们这些地标将被否定和分析的习气连根拔起。您看待世界的阴沉态度是我无法相比的,您平静下来只是为了更加可怕地表现时世之沉重。算了吧,如果连未来也不是我们的,那我们的全部文明就是一个谎言,就是二八少女的幻想,她自己到二十五六岁年纪时都会嘲笑这个幻想——这一切都是无稽之谈,我们的努力可怜又可笑,我们的希望与那位多瑙河农夫的期待无异。对了,或许您想要说的正是让我们抛弃文明,让我们拒绝文明吧?"

"不,拒绝发展是不可能的。怎么才能让我不知道我所知道的? 怎么才能让我置身时代之外? 我们的文明是现代生活绽放的最美花朵,此外,我不会为世上的任何东西放弃自己的发展:这是我最宝贵的财富。可是这与实现我们的理想有何关系? 为什么未来必须演绎想象出来的计划呢?"

"这么说来,我们的思想引导我们走向了那些不可实现的希望,走向了荒谬的理想。于是带着它们,就想带着我们最后的成果,我们乘船前行,却遭遇风浪,于是船要沉了。未来不是我们的,现实也不干我们的事,却又避无可避:能做的却只能是束手待毙,等待海水灌进来的那一刻——谁要是觉得无聊,谁要是更勇敢些,就可以纵身入水。

> 世界在倾覆,
> 恰如一艘破船在怒海沉浮,
> 正被深渊吞没——
> 让我们泅水逃生,尚或有救!

"我也不祈求更好的结果了,只是泅水逃生与投水自杀之间是有区别的。您这首歌提到的青年人们的命运是可怕的,他们非常的受难者,没有信仰的蒙难者,就让他们的死亡震动他们生活其中的环境吧,揭露它,使之蒙羞。但谁告诉过您,除了死亡外就没有别的出路、别的途径来挣脱这老迈濒死的世界呢? 您这是在辱没生活。抛弃您所属于的那个世界吧,如果您的确感觉自己与之格格不入的话。不用去拯救他,而要把自己从危机重重的废墟中解救出来。您同这个世界有何共同之处? 这个世界的文明吗? 可是文明现在属于您,而不是这个世界。这个世界培育了文明,或者最好说文明培育于这个世界之中,然而世界甚至在文明的理解上也是无辜的。这个世界的生活方式是您憎恨的,而且,说真的,的确很难喜欢如此荒谬的世界。您的苦难这个世界根本就没有料到,您的喜悦他则茫然不识。您还年轻,而他老了。您瞧瞧这个腐朽封建世界的面容吧,他那套在破旧内侍制服中的身躯瘦骨嶙峋,特别是在 1830 年之后,他的面色黯淡无光,灰暗如土:这是希波克拉底之脸,据此大夫们可以判断,死神已经举起了镰刀。这个世界有时徒劳地想竭力重新抓住生活、控制生活,摆脱疾病的折磨,重享生活的欢欣,然而他做不到,于是重新陷入沉重的、热病般的半睡半醒状态。人们在谈论法朗吉、民主、社会主义——他在听,却什么也听不懂;有时这些话会让他面露微笑,他会一边摇头一边回忆起他本人曾几何时信仰过的理想,然而后来他变得理性了,早就不再相信健康的可能了。因此无论对耶稣会士还是共产主义者,牧师还是雅各宾分子,罗特希尔德还是饥寒交迫的人们,他统统熟视无睹。他无动于衷地看着眼前发生的一切,同时手中忙乱地死死攥住一些法郎,为这些法郎他可以去死或成为杀人凶手。就让这位老人在养老院安度天年好了。"

"放弃,逃走! 这并不容易,更不用说让人厌恶了。往哪逃? 这全新的、完备的宾夕法尼亚在哪里呢?"

"用新砖去建旧房吗? 威廉·佩恩把旧世界载到了一片全新的土地上,宾夕法尼亚无非老旧文本的修正版——别无新意。而罗马的基督徒则不再是罗马人了——这种内在的脱离更加有益。"

"专注于沉思,剪断,这么说吧,把我们与祖国、现代联系起来的脐带,这一思想流传很久了,但却没有实现。每次失败之后,每次丧失信仰之后,人们都会产生这一思想。诸多隐修之所都是以这种思想为根基的:神秘主义者和共济会会员、哲人们和光照派,莫不如此——他们全都指出过需要内在的脱离,而谁也没有离开。卢梭吗? 他确也曾避世远遁,而那是因为他深爱这世界,他也曾退隐山林,因为他对世界感到愤怒并力图改造周围荒谬的生活。他的最好注脚就是国民公会中他的那些门徒们。这些人进行斗争、饱受折磨,把头颅抛在断头台上,却没有转身离去,既没有离开法兰西,也没有离开沸腾的现实斗争。"

"他们的时代与我们的毫无共同之处,他们的前方充满希望。卢梭和他的门徒设想,如果他们的博爱思想实现不了,那是因为到处都是物质障碍：不是言论受束缚，就是行动受束缚。于是他们奋起反抗所有阻碍其思想实现的东西，这完全合乎逻辑。任务可怕而艰巨，但是他们胜利了：所有用暴力建成的东西也可以用暴力摧毁。那么现在，现在——现在他们被推上了断头台，他们怀抱坚定的信仰死去了，在努力、激情、陶醉中被巨浪卷走了，致死坚信，终有一天会风平浪静，那时他们的理想就会实现，尽管没有了他们，但理想却定将实现。终于，这一天来了，风平浪静了，这些献身者也早就被埋葬了，他们是多么幸运啊：否则他们将不得不看见，他们的事业没有推进分毫，他们的理想依旧是理想；他们将不得不承认，欲使囚犯成为自由的人，拆掉巴士底狱的石墙还远远不够。您把我们同他们相比，然而我们知道他们死后五十年间的事情，我们是见证人，见证了所有理论上睿智的期望被嘲弄，见证了历史的邪恶之源如何肆意嘲弄我们的科学、思想、理论，见证了这一邪恶之源如何把共和国变成了拿破仑、把1830年革命变成了当今的法兰西。作为全部过去的见证人，我们不可能再拥有他们的希望。更加深入地研究了社会问题之后，我们现在要求的比他们曾经要求的更多更广，而他们的要求则与从前一样，依旧是空中楼阁。一方面，你会发现他们思想上的逻辑连贯性及其成就，另一方面，则是其思想对世界全然无能为力的事实，世界又聋又哑，无力按照救赎思想所要求的那样去掌握它。或许，是因为救赎思想本身表达的太糟糕，或者是因为它只有理论意义，正如基督教兴起时代的罗马哲学。"

"这个结论与您几分钟前说过的话是一致的。然而您觉得到底谁正确呢？是理论思想？它千真万确就是超越了历史而发展起来的，却是自觉地。或者是当代世界的事实？它否定上述的思想，但二者同为过去的必要结果。"

"二者都完全正确。这种紊乱源于，生活有自己的辩证法，它不同于'纯理性'的辩证法——如果您愿意这样表达的话。以古代世界为例吧——古代世界没有实现柏拉图的共和国和亚里士多德的政治学，而是建起了罗马共和国，又实现了其占领者的政策；它也没实现西塞罗与塞内加的乌托邦，而是实现了伦巴第人的伯爵封地制度和日耳曼法。"

"您好像要预言我们的文明也将遭遇罗马式的灭亡吧？真是勇敢的思想，美妙的前景。"

"前景既不美妙，也不糟糕。罗马文明并没有灭亡，它与我们的文明完全一样，远远延伸到了其所处的生活环境之外，于我们而言它岂能不算是健在！或许，这就是为什么它如此繁荣昌盛，光辉灿烂。它把自己的因素带到了现代世界，但真实的未来却是在那更贫瘠的牧场上发芽生长的——在受迫害的基督徒藏身的地下走廊里，在野蛮的日耳曼人游牧的森林之中。"

"在自然中一切都是目的明确，而文明，这高级力量，这时代的王冠，本源于其中，却是漫无目的，逐渐脱离现实并最终消逝，于是人类会倒退，拥向一边，于是又重新开始生长，以再次绽开那多瓣的花朵并就此完结——因为花朵虽繁盛，却丧失了结籽之能力。何以如此？这种历史哲学中有某种让心灵纷扰难安的东西。为什么要做这些努力？各民族的生活成为徒劳的游戏，人们搬沙运石，垒筑不停，而一切都会毁于一旦，轰然倒地，于是人们又开始重新清理地面，在废墟中重新搭造茅屋，用数个世纪的漫长劳动换来慢慢倒塌的命运。难怪莎士比亚称历史是傻瓜不断讲述的乏味故事。"

"那些多愁善感的道德家，他们一想起'人生来就是为了死'就会泪流不止。只看结局，而不看进程本身，这是重大的错误。既然植物会毫无意义的逝去，它何以需要那鲜艳华丽的花朵、醉人的芳香？然而自然时时处处都竭力达到极致，直至所有尽善尽美之物脆弱而濒临死亡。花儿可能朝放暮谢,自然并没有赋予玫瑰、百合以燧石般的坚固,然而谁会为此怒斥自然呢?这是多么简陋而平庸的观点啊,我们却试图将之应用于历史!谁让文明画地为牢了?它的围墙在哪里?它没有止境,与思想、艺术一样,它描绘着生活的典范和实现自身风习的荣光,但是生活并没有义务去实现它光辉的梦想,况且那也不过是一种东西的改良版本而已,而生活则喜欢新事物。罗马文明远比伦巴第人建立的野蛮社会高级、人道,然而在后者的不和谐中出现了某些方面发展的萌芽,这些方面在罗马文明中根本不存在。于是野蛮胜利了,无论所谓国民法典,还是罗马哲学中卢克莱修和塞内加关于生活的那套人性之论都无济于事。自然不过是喜欢一次又一次地重新开始:她为收获欣喜并追求最好的,也并不想侮辱现存之物——它尽可活下去,只要活力尚存;在新事物还在成长、巩固之时,现存之物尽管安享天年。正因为此自然的作品很难排成一条直线,自然痛恨编队前进,而总是向四方拓展,并且从来也不按正确的队列步调行进。健全的低等动物要比不健全的高等动物完善十倍。野蛮的日耳曼人天真素朴,反而高于教养有素的罗马人。"

"我开始怀疑,您是在等待野蛮人的入侵和民族的迁徙吧。"

"我不善于猜测。没有现成的未来,它是由成千上万种必然与偶然条件的总和形成的,其中包括人的意志——它赋以未来意料不到的戏剧冲突和结局。其实,自然不喜欢重复,她即兴而为,会利用任何偶然因素,同时叩响千万座大门——谁又知道,哪些会豁然洞开?"

"瞧,我们老是在自作聪明,却又回到了那个松鼠轮子,回到了维柯所谓上升与下降循环的老一套。历史又回到了希腊神话中:回到了瑞亚的悲剧。在可怕的折磨中,在萨图恩身边,她不停地生儿育女,再被萨图恩一个个吞掉。她只要变得诚实些,就不会再用石头换掉婴儿。这一切目的何在? 设若必为父亲所食,孩子们值得降生吗? 总之——值得受熬煎吗?"

"怎么不值得! 您困惑不已的是,并非所有的游戏都能玩到底,可是没有这一点它们就会枯燥透顶。歌德早就阐明过,美丽易逝是因为只有易逝之物才能是美的——这话极不中听。人有一种本能的偏好,即企图保全喜爱的一切;出生了,于是希望永生;爱上了,于是希望一直能如袒露心曲的时刻那样去爱并被爱。当他发现四十岁时情感不如二十岁时那般纯真、动人,他就会指责生活。但是这种凝滞不动与生活和自然的精神相悖,生活无意顺应任何私人的、个体的因素:生活总是整个地呈现在当下,慷慨地赐予人们幸福和愉悦,却并不为任一个作保,不为它们的延续负责。万物运动无休无止,变化更替无处不在,正因为此自然才得以生生不息,青春永驻。每一个历史瞬间都是美好的,正如年年有秋有夏,有时风雨交加,有时艳阳高照。每一个时代的福祉都属于其自身,但未来并不属于它。这让您懊丧是吗?"

"是的,很懊丧。人焦虑不安地寻找着所有这些天分、努力的目的……"

"目的? 然而歌手所唱之歌,其目的何在? ……不过是乐音,乐音从她的胸膛发出,一旦响起,即时消散。如果您除了藉之愉悦外,竟要寻求些别的,期待别种目的,您能等到的是,歌唱结束后,您留下的回忆会加上懊悔,懊悔自己除了聆听之外还期待着什么……我们会被一些恶劣地控制生活的范畴迷惑。您好好想一想:这个目的到底是什么——是一个计划还是一道命令? 谁制定了它? 又向谁宣读了? 它是否一种责任? 如果答案是肯定的,那么我们究竟是玩偶还是人? 是精神上自由的存在还是车轮? 于我而言,把生活和历史视作已达到的目标,要比视之为达到目的的手段更容易。"

"也就是说,自然和历史的目的其实就是您和我了,对吗?"

"部分上说,正是这样:还要包括全宇宙的现存之物。一切都包括在内:所有昔日努力的遗产,演员热情洋溢的表演,以及创造丰功伟绩的活力,还有艺术的享受、少年的欣悦——他当下正悄然前往隐秘的凉亭,幽会等候在那里的女友,姑娘羞怯不已,会因每一次簌簌声响而战栗,还有月光下怡然游动的鱼儿,以及整个太阳系乃至整个宇宙的和音。一句话,正像在封建爵位后附上的一大串尊号一样,我也能大胆地注上一连串的等等、等等、等等。"

"关于自然您是正确的,然而关于历史您忘记了一点,有一条红线贯穿在它的全部脉动中,从而使之连接成一个整体,这条线就是进步,或者,您也许也不同意进步之论?"

"进步是自觉发展不可分割的本质。这是人们的积极记忆和生理的完善,属于文明社会。"

"难道于此您还是看不到目的性吗?"

"我看到的是后果,而非目的。如果进步是目的,那么我们又是为谁而劳作? 这个莫洛赫是谁? 劳动者努力靠近他——他却不给予奖赏,而是不断后退。民众向之高呼:'死刑犯们向你致敬!'而为了安慰这些精疲力竭、注定灭亡的民众,他仅仅敷衍说:'你们死后地上一切都会变得美好起来的。'难道您也要让人们必遭女像柱的可悲命运吗? 它们支撑起凉台,只为那上面将会有他人在某个时候翩翩起舞! 难道您要让现代人甘做一群不幸的劳动者,身陷齐膝的污秽之中,拖拽着运载神秘金羊毛的驳船,只在旗帜上标上一行谦恭的题词:'进步在于未来?'疲惫不堪的人们在途中不断倒下,另一些人生机勃勃,接过了绳索,然而道路,仍与开始时一样没有尽头。进步无止境,只此一点就足当让人警觉:无限远的目的不是目的,而是,如果您愿

166

意,可称之为绝妙的诡计。目的应该近一些,至少应是薪酬或者工作中的愉悦。每个时期、每一代、每一种生活都曾经或正在拥有自己的全部,一路上会兴起新的要求、新的手段——关系则几乎一如往昔。一路上大脑在不断完善……您笑什么?是的,是的,大脑在完善……所有自然的存在都是那么尖锐、露骨,让人吃惊,正如某个时期骑士们同样无比惊讶:农奴竟然也想要人权!在意大利时,歌德比较了出土的古代公牛颅骨和现代公牛的颅骨,发现现代公牛的骨头较薄,而大脑中较大半球的颅腔稍大,因此,那时的公牛显然更强壮,而我们的现代公牛则是在驯从人类的习性中得以发展的。您凭什么要让人类的肌体不再发展?这样说吧,这是种属的成长,当然不是目的,如果您非要我使用这个范畴不可的话。目的只有一个,就是让人能够自立于世,引领他去拥有所处的环境,使之适应环境的发展,使之能够理解、感受、行动并享受愉悦。自然不仅不把各个世代当作达到未来的手段,而且根本就不关心未来。她就像克娄巴特拉,可以把最好的珍珠溶解在酒中——只要在当下能够开心,她有着酒神节女祭司和印度流浪舞女式的天性。"

"她也很可怜,不能实现自己的天赋!她是吃病号饭的女祭司和服丧的舞女!至少,在当代她更像忏悔的马大拉。或者,就是脑袋有些偏离了正道。"

"您不是在讥嘲,您所说的实质上一点儿都不可笑。较片面的发展总会导致被遗忘、被禁止的其他方面发育不足。心理方面过于发达的孩子体格发育不好,很虚弱。我们数个世纪以来一直过着扭曲的生活,发展方向单一;我们一直在让自己习惯矫揉造作的生活,向自己灌输唯心主义,因而破坏了平衡。我们曾经强大、有力,甚至陶醉于自己的异化,陶醉于自己的理论化世界,而现在我们跨过了这个阶段,于是现在这种异化就是我们不可忍受的了。同时,我们与实际环境可怕地割裂开来了。责怪谁呢:无人对此负有过错,除了自然——而即便它也是对的。自然鼓足了劲儿,以期在人类身上超越兽类,以期赋予其力量摆脱监护,而人类实现了超越,甚至一只脚都完全跨出了自然生活。他做到这一点是因为他是自由的。我们喋喋不休于自由,为之骄傲,同时却又抱怨无人拉着我们的手引领前行,抱怨我们会犯错误,要承担自己行为的后果。我想重复您的话,人的大脑偏向了唯心主义,这种单调性的惨痛后果现在许多人都发现了,于是人们准备朝着另一个方向前进并将治愈唯心主义,正如也曾治愈过各种各样的历史疾患:骑士精神、耶稣会运动、清教徒运动、自然神论……"

"这种通过疾病和偏差获得发展的道路真是奇怪。"

"然而须知道路本就是未定的……自然只是用最普遍的准则略略暗示出自己的前景。渴望共同生活;渴望移风易俗;渴望斗争,直至人人生活幸福;渴望心灵中希冀的一切都得以发展——行动、召唤他人并由此走向团结友爱,让爱和积极的交往充满人间,所有这一切萦绕在人间,甚至尚在明显陷身于那些个人的、低等的目标之时,人类已经开始追求这一切了。然而如何获得,通过什么样的途径获得,这完全取决于人们:个人的愿望根本不是前进,而是像蘑菇那样苟且偷安,像牡蛎那样饱食终日;或者就是进入军队,进入劳动者大军。这些队伍永远都会有,这又是自然的特点。但是他们怎么去,会碰到什么障碍,这既取决于形形色色的外部影响,有时同样取决于个人的意愿、某个诱人的思想。偏差的全部戏剧性正在于此。假如既没有可怕的偏差,也没有意外的纠正,那么历史的真正意义又在哪里呢?那么就不会有历史了,有的只是逻辑,人类就会跟动物一样,是成品,处于天真的既定状态。从猩猩到人是怎样的飞跃啊!然而处境又是多么愚蠢!荒谬得可怕!本能是天生的,理智则是培植的,而且是艰难培植的,因为自然中本来没有它,人身上本来也没有它,必须努力去获取,而这很困难,特别是因为并没有剧本。而假如有现成剧本,则历史就毫无必要了,它就成了恶作剧。试想一下,塔西陀的沉郁、痛苦和哥伦布的狂喜都会显得多么滑稽!一切都成了闹剧,伟大人物都将下降到舞台英雄榜上,无论演技好坏,毕竟都要朝着一个已知的结局前进。不!历史中一切都是即兴作品,一切都发生在即刻,没有成品。前方没有界限,只设定有条件,只有生命之火和行动,只有崇高的忧虑,个性发展了,那就去做战士,去尝试自己的力量,前往你想去的远方,只要从过往有路可以通向那里;而在没有路的地方,天才则会踏出一条新路来——如哥伦布,或者彼得一世。"

"如果不幸找不到天才呢?"

"天才从来都有,其实,他们也并非不可或缺。人民会在晚些时候到达那里,通过别的道路到达。天才是历史的炫耀,是它的华丽装饰。难道您以为,假如根本就没有出现过拿破仑,欧洲的命运就会不同了吗——尽管外部状况仍会有很大的变化?"

"这都很好,但在如此不确定而任性的情况下历史可能绵延千古,也可能明天就戛然而止。"

"毫无疑问。想来。在未来的发展中,人们大概会遭遇某些藏于人类天性之中的极限,遭遇无法超越的制约条件,人终究是人。不过只要历史在延续,我无法想象会缺乏事业、营生。另一方面,我一点儿也不否定历史可能就在明天终结。有什么不可能的:恩克彗星可能撞上来,地质灾变也能够让有机生命瞬间毁灭……"

"唉,多么可怕!您在吓唬我,就像吓唬小孩子,但我告诉您,这不会发生。鼓足劲儿发展三千年,只为在美妙的未来因地里冒出的某种硫化铵气体窒息而死,真是太值得了!您怎么会发现不了,这简直荒谬之极？"

"我却要问，您怎么至今还不熟悉大千世界的自然之路。在自然中就像在人的心灵中一样，蕴藏着无穷多的力量和可能，只要条件齐备，足以唤醒它们，它们就会发展起来并一直发展到不能继续发展为止。它们预备由自己来占满世界，但是它们也可能中途迷乱，改变方向，乃至最终停下来。一人之死，其荒谬程度并不亚于全人类的灭亡。什么样的天才能抗得过毒芹？自然是如此丰富，对她来说这算不了什么，她毫无损失，于自然这一切都无所谓：从它那里什么也夺不走——不论千变万化，一切都包罗其中。"

"可是，于人以及生物而言却远不是无所谓。而且，我想，要是马其顿的亚历山大知道他变成了油灰，正如哈姆莱特所言，他可一点都高兴不起来。"

"谈到马其顿的亚历山大，我可以让您放心——他永远不会知道这一点了。我完全同意，于人而言生存与否绝非儿戏，由此我得出一条结论，即必须利用好生命，现实的生命。难怪自然总是用自己的全部语言不停地低语、重复：牢记生命。"

"不过尽是无用之功罢了。我们牢记着，我们活在无以名状的苦痛中，烦恼不停地折磨我们的心灵，生活如钟点一样单调沉闷——最后，因为行动的渴望会让我们痛苦难耐——而在这个世界上这种渴望毫无必要。如您所言，周围的整个世界很快就都要崩溃了，随时随地都可能被压死，此时此际，那里有什么享受！更糟的是，你我都没有被压死，高墙裂开了，却数百年不倒，而我们周围鄙陋的现实甚至连裂缝都没有，浑如铜墙铁壁……我不知道历史上何曾有过如此令人窒息的时代，曾有过斗争，有过苦难，但那时也有信念。可以献出生命，可是不能陷入绝望：既没有什么可为之而死，也没有什么可为之而活。"

"那么您觉得,在崩溃中的罗马要轻松些吗?"

"当然轻松些,因为它的灭亡与替代它的世界一样显而易见。"

"于谁显而易见呢?难道您以为,罗马人会跟我们一样观察那个时代吗?吉本无法摆脱古罗马对每一个强大心灵所产生的那种诱惑。请回忆一下,它垂死挣扎了多少个世纪,只是因为我们掌握的事实、人物都少得可怜,因为千篇一律,我们才无法看清那个时代而已。而时代一样的死寂、灰暗,于当时的人而言也同样可怕,因为其中的一年也是三百六十五天,因为当时也有激情澎湃的人,却难免在昏暗中和高墙崩塌时遮天蔽日的灰尘中凋零。时人发出过多少悲痛叹息之声——自己去读吧,它们保存下来了。"

"那基督徒呢?"

"他们藏身地下四百年,胜利遥遥无期,牺牲者却历历在目。"

"可是他们的信仰却立起来了。"

"而胜利后第二天就出现了异端,异教世界打破了他们友爱的神圣宁静,基督徒含泪追寻过去遭受迫害的时代,阅读殉教圣徒志并颂扬那些神圣的罹难故事。"

"您似乎在说,一向都是如此糟糕,恰如当前,并以此安慰我。"

"不,我只是想提醒您,我们的世纪并非苦难的极点,您对过去的苦难评价不足。思想从前也是迫不及待,它渴望当下,它憎恨等待,然而生活并不会去满足抽象之论,而是不慌不忙,缓缓前行,因为它的步伐很难被矫正。思想者的悲剧处境正源于此……但是为了不再次离题,现在请允许我给您提一个问题,您缘何会觉得我们周围的世界牢固且健康良好呢?……"

豆大的雨点早就打在我们身上了,而低沉的雷声渐强,闪电更趋夺目,即刻就大雨倾盆了……人们全都跑回船舱。轮船轧轧作响,颠簸得让人简直无法忍受,——于是谈话没有再继续下去了。

二、暴风雨之后

女人用哭泣来减轻心灵的痛苦，而我们不会哭泣，我想为之写作。不是描绘、解释血腥的事件，而只是谈论它们，给言论、泪水、思想、苦痛以纵情恣肆的机会。哪里谈得上描绘、收集资料、平心静气地讨论！耳边还有枪声在呼啸，还有骑兵队的马蹄声在横冲直撞，还有炮架刺耳、沉闷的铁轮碾过死寂的街道；一个个细节还在不停地闪现：担架上躺着的那个伤员，一辆辆装载尸体的马车，五花大绑的俘虏，巴士底广场的大炮，圣德尼门旁的兵营，协和广场上的露营地，还有夜晚阴沉的"保持警惕，哨兵！"声。还不到时候，头脑还处于白热状态，热血依旧汹涌难抑。大声公开表达愤怒的时间到了，历史的时间则尚未到来。

束手坐在家中，身边就在流血、在砍杀，却无法离开这座城市，甚至都不可能出门——这种处境会让人发疯、死掉的。我没有死，可是苍老了，虚弱了，就像大病了一场。做罪行的见证人远比参与罪行更加让人身心俱疲。

最初的日子里一片混乱——到处是浓烟、喧嚣、鲜血……我记得时断时续、低沉而有规律的扫射声，中间有短暂的间歇……我们大家互相看了看，所有人都泪水盈眶，脸色铁青……"这是在枪决呢。"我们异口同声地说，互相背过身去……然而持续了四昼夜的战斗结束之后，城市寂静下来了，出现了和平的戒严状态，街上不见一辆马车、一个行人。吓坏了的居民们在自己的居所附近徘徊,骄横的国民自卫军守在屋前屋后,各个广场上都摆列着大炮,还有骑兵。醉醺醺的、兴高采烈的流动自卫军唱着歌,成群结队地在林荫道上窜动。十六七岁的孩子们已经沾满了血污,并以此为傲,人们则为他们奉上美酒,向他们抛洒鲜花。小市民妇女们纷纷从柜台后面跑出来,欢迎这些胜利者。资产阶级胜利了。而圣安东尼区一幢拐角处的房子还在冒烟,各个林荫道上都搭满了帐篷,战马啃食着香榭丽舍大道上繁茂的大树,到处都是干草、秸秆、胸甲骑兵的铠甲、马鞍,在秋林花园有人架起炉灶煮汤⋯⋯这种景象随后开始改变,开始有人清扫,抛撒沙土,仍有血污不时从沙土下面渗透出来⋯⋯被炸毁的先贤祠还不准靠近⋯⋯街上开始有行人了。

又过了些日子,于是巴黎开始恢复常态,闲散的人们又挤满了咖啡馆,资产阶级出现在林荫道上。此际才能些许明白发生了什么事。记得吧,拜伦描写过夜晚的战斗,随后就是黎明了,黎明到来,要让战斗的可怕、野蛮全都大白于天下,要将黑暗遮盖的一切都昭示于众——那痉挛地抠挖沙子的手,那沾满鲜血的头巾⋯⋯现在正是这样的曙光出现在心灵中,可怖的废墟随之显露了出来。一半的希望、一半的信念都被毁灭了,否定、绝望的思想挥之不去,竭力生根。难以想象,有了如此多的体验,又经历了现代否定精神和无神论批判的洗礼,我们的心灵中竟还存留下那么多本已被消灭的、宗教的东西,而且奉如至宝。

经历了这样的强烈震动之后富有活力的人不会再一如既往了。他的心灵或者更加宗教化,陷入无比的狂热中,满怀忿怒地竭力在虚妄之中寻找安慰——于是在雷雨中烧毁的人重新发出了绿芽,只是心中已经死了;或者他忧郁而勇敢地再次交出自己的那些信念和安慰,愈来愈清醒,不再固执地保存最后那些枯黄的叶子,因为它们终将随秋风而逝。怎么办更好?

一个导向精神错乱的极乐。

另一个则是献身知识。

自己选择吧。一个特别坚固,因为抹去了一切;另一个什么也不保证——因为会给予很多。

思想被唤醒的人,其内心有一个常设的革命法庭,有一个无情的富基埃－坦维尔,并且,最主要的,是有一个断头台。有时候法官会熟睡,断头台会生锈,虚假的、过时的、浪漫的、衰朽的东西就会抬头,而突然一个粗暴的打击唤醒了法官和刽子手,那时就会开始残酷的惩罚。最小的让步、宽恕、怜惜都将导致反动,导致抱残守缺,就意味着容留锁链。法庭的任务正是要清除这一切。

狄德罗临终前说,不信乃思维的第一步。这也正是我所谓恐怖的理智法庭。去处决,去跟那些思想告别并不容易,传说中这些思想让我们觉得如此神圣,我们已经习惯与之共处,它们使我们愉悦,给我们抚慰,给我们带来幸福美满的时刻。牺牲它们,这岂不是可怕的忘恩负义!这没错,可是在那个高度上,在法庭威严屹立的那个高度上,没有感激,那里不知道有什么神圣,而如果革命,像萨图恩那样,吞食自己的孩子,那么我们,革命之子,就像尼禄,要杀死自己的母亲,只为与过去决裂。怎能忘记自己的逻辑小说? 怎能忘记,第一丝怀疑主义的思想、第一次探索的活力如何进入了自己的心灵,而后又逐渐占据越来越多的空间,直至蛀蚀青春的心灵中那些最神圣的财富? 宗教和国家、家庭关系和道德、民族偏见、善与恶,都陆续站到了健康的批判意识面前,然而,青年人一边将一切都交付审判、定刑,一边又尽心守护残砖碎瓦。他们抛弃了基督教,却死守着灵魂不死、柏拉图式爱情、超自然、浪漫主义、唯心论,尤其是万物有灵——天命论。然而不可能停下来,正如我所言,不是如里程标般呆立中途,就是将过去所存的最后一个负担也交付审判。如此,所谓最高存在、绝对精神就站到了审判席上。理智是无情的,就像国民公会,它的 1 月 21 日正在来临。善良而温和的过往被判处上断头台。这是第一块探路石,所有软弱的、摇摆不定的人都掉头逃走,默不作声,只顾后退。另一些人,如吉伦特派,则宣布了判决,一边对被告充满同情,设想在处死他之后就没有可以处决的东西了,1 月 22 日共和国已经一切完备,一片祥和了。费尔巴哈就曾是公共控诉人。我们处死了神,似乎也就万事大吉了。似乎只要有了无神论,宗教自然就不会再有了。

回顾一下,恐怖正是在处死国王以后开始的。看吧,断头台上开始出现那些优秀的革命少年——吉伦特派,都是杰出、雄辩、富有牺牲精神的人。你们流泪,垂下双手,你们为他们痛惜,却不可能挽救他们,只能眼睁睁看着刽子手展示他们血淋淋的头颅。等等再转过脸去吧——瞧那是丹东的头颅,随后则轮到革命的宠儿卡米尔·德穆兰登上那死亡之阶。那么,现在,您会惊恐地说,现在该结束了吧?对不起,两个崇高的思想刽子手,罗伯斯庇尔和圣鞠斯特,将被处决,原因是他们竟会相信五十五年前的法国有实现民主的可能。就像梦想各民族兄弟般友爱的阿纳西斯·克劳茨,他们在拿破仑时代来临的前些天被处决了。内心的进程也一样。摆脱了昔日的那些显赫代表之后,我们在每一步、每一种感觉、每一个概念中都会遇到某种基督教的、宗教的东西。我们处决了一个沙皇,却又千方百计制造出众多沙皇,我们身上被奴役的需求是如此强烈,以至于我们竖起了理智的神像,又开始对它顶礼膜拜了。我们成为抽象法制、自由、国家的奴隶。在骇人听闻的残酷实验之后不能再继续沉迷于这幻影之中。要把谁推上断头台?谁是新的被告?

"是共和国。是普遍选举权……"①

"是法兰西——还要包括整个欧洲。"

要处以极刑的对象很多,岂能就此止步?即使牺牲那些亲切、宝贵的东西也应在所不惜,牺牲那些令人憎恶的东西也就毫不奇怪了。我不会止步,我知道,在所有宗教的、政治的对象转变成人的、普通的、必须接受批评与否定的对象之前,世界就不会有自由。那些被奉为金科玉律、压抑人性而神圣不可侵犯的所谓真理,皆是理智身上的奴性套索。理智并不是要消灭,而是希望圣徒还俗成为人,让清规戒律重归朴素的真理,让崇高的圣女重为凡间的女性。如果共和制也像君主制一样,用这种神圣的权利来装扮自己,如果它要把自己一意孤行的要求变成法律,那我就会像鄙弃君主制一样,弃之如敝屣。不,是更加鄙视它。在欧洲,君主制完全是昔日黄花了,即使它至今仍在苟延残喘,却绝无未来。君主制永远不再可能从 2 月 24 日的打击中康复。共和制的处境完全不同,仅仅是这个名称都会让我们的心跳更加有力,我们热爱着它,共和成了我们的信条。对它应该严格得多,它不能期待宽容,它也尚不曾爱惜过任何东西。这位克娄巴特拉,这位卢克雷齐娅·博尔吉亚并没有君主制那些宗教的、诗意的、封建的矫饰,而是与我们生长在同一片土地上,何以要向其妥协?我们不尊崇王冠了,也当不再尊奉弗里吉亚帽。没有了沙皇还不能算是有了自由,君主式权力落到了立法会议手里,压迫并不会减轻,不过是不再那么明目张胆而已。路易·菲利普永远都不敢采取卡芬雅克的措施,他清楚,君主制信仰已不复存在。他只能以保障普遍选举权和立法会议专政的名义炮击了巴黎。岂能不打碎这样的偶像?不能再幼稚了。我们不当软弱,最

---

① 原文为法文。——译注

好回忆一下,席勒是如何将劳拉从心里取出来的:

> 我从伤痛的心里将她取出,把她献给她,
> 血流不止,失声痛哭。①[1]

就让对恐怖日子的理解成为一个伟大的成果吧:法兰西共和国距离满足现代人的自由需要非常遥远。法国的最后一项成就,2月24日,是恢宏壮丽的,她为新时代提供了蓝图,提出了一个世界历史性问题,她再次向世界指明了应该追求的理想所在,再次豪迈地干了人们想都不敢想的事。就像耶稣,她也为了我们的救赎被钉上了十字架。她流着血,被饥饿和暴力折磨得奄奄一息,把民主和社会主义共和制、自我牺牲精神和英勇无畏的榜样作为遗言留给了世界。然而即便这一次她依旧与自己培育的果实无缘。法国哪里有社会主义共和国的土壤?她只能有市侩共和国、君主专制式共和国、军人共和国,处处有压迫,处处沉闷难耐。其中有一小群宣告未来世界的人,富有牺牲精神,英勇无畏;这群人精力充沛、生机勃勃、思想活跃——他们就是大城市的工人们。他们真正是未来共和国的公民。余者全都是他们的对立面,也就是真正共和的对立面。愚钝无知的农民谈起"共产主义者"时满怀忿恨,而目光短浅、道德败坏的小市民、小店主及富有的银行家因为私利仇恨他们;堕落的文学界则根本不理解他们。军队和狭隘的立法机关对任何自由、越轨之事都咬牙切齿,于他们而言,凡是不能纳入他们所定之规程者皆为混乱,凡是不循规蹈矩、亦步亦趋者皆为暴乱分子。这个世界是在鲜血、谎言、精神堕落的土壤上成长起来的,焉能有自由容身之

---

① 原文为德文。诗句中最后一个"她"指新生活。——译注

地、存身之所？在过去的斗争中这个国家是伟大的，2月24日它被蒙蔽、被迷惑了，然而现在它幡然醒悟，于是宣布了戒严，也就是建起了华沙式的秩序。2月24日的法兰西是不存在的，留下来的是六月事变中的法兰西。资产阶级正如心绞痛一般压在失败者的胸腔上并扑灭了一切：言论自由、集会权、人身安全。而屠杀后第二天有价证券就全面上涨了！资产阶级没有背弃的只是共和之名，他们明白，共和制中占第一位的正是他们，自由是属于他们的；而那些不屈服的人则将在他们齐膝的地下水牢里、在流放中受尽折磨。法国依旧是巴托罗缪之夜的法国，是路易十四的法国、拿破仑的法国。这老大之法国，除了死亡，什么都不改变不了它。

那就让这个世界快速崩溃吧，怎能让这个倚杖枯坐、衰弱不堪而又任性妄为的老人盘踞下去？朽骨自有其位，该是子辈让世界焕然一新的时候了。然而子辈在哪里？在奥地利？在普鲁士？有些令人难以置信。那么罗马的基督徒曾经出现在哪里呢？在地穴里、山洞里，故此现在就去那些闷热的车间、小巷中寻找子辈吧。在那些小巷里如今没有一扇完整的窗户，没有一堵未染上鲜血的墙——正是在那里新的一代正在成长，他们面色苍白，饥肠辘辘，瘦骨嶙峋，与这个世界的所有恩赐绝缘，因此也与之毫无瓜葛。对文明他们没什么可惋惜的，因为这个文明并未让他们接受过任何教育；对国家他们也没有什么可惋惜的，因为这个国家从来不会给他们一块面包；对共和亦是如此，因为共和带来的只有漂亮话和空头支票，外加炮弹——如果他们胆敢请求兑现的话。这些人孜孜不倦地向着旧大楼的根基掘进，日夜劳作，诱惑他们、阻止他们都是不可能的。在苍老的英国他们被称作宪章派，在苍老的法国则被称作社会主义者。作为远方的弟兄，我们也可以向他们伸出手去，因为他们会令人愉快地回应我们。在他们身上，正如在我们身上一样，没有那令人窒息的狭隘,而这种狭隘正在教养有素的欧洲人中大获全胜。我们与他们皆无负担,我们不会因历史遗产的重负折腰。我们没有这种脑部结石病般的死规矩,没沾染过封建主义长久以来的疯狂和历史悠久的罗马法,因此我们和他们都是既不拥有过去,也不拥有现在,但未来是我们的。

是的,未来是我们的,我们将使各民族的团结成为可能,将使社会主义共和国乃至宏伟的世界联邦成为可能。这里的"我们",实际上指的是我们的子子孙孙。我们,在战斗中已经开始两鬓斑白的我们,哪里能看到未来?我们再自由地迈出一步都不可能——一边是腐朽的旧世界,然而依旧庞大、有力;另一边则是初具雏形的未来世界,遥远而虚弱。当前我们有何事可为?我们的现实就是绝望的斗争,就是饱受煎熬。除非不是人,现在没有谁能够不感到苦痛,没有谁能够在回忆和希望中怡然自得。难道就只有痛苦吗?哦,不,不能自拔的痛苦意味着柔弱,甚至是孩子气,我们的痛苦应该是积极的,我们注定无缘采摘果实,注定无缘享受喜悦,尽管我们也曾有过无比幸福的时刻,那些时刻我们将终生难忘!但我们的使命是另一种——充当过去的刽子手,谴责、批判那获得了胜利的敌人,义愤填膺,不屈不挠。无论在哪里,无论披着什么外衣、以何种姿态出现,我们都得能看穿它、揭露他,将之带上理性的法庭,献祭给灿烂的未来。我们要工作,尽毕生之力,只为能拆掉那厚重穹顶上的哪怕一块石头——哪怕石头会砸在我们自己的头顶上。重要的是必须毫不容情,决不妥协。正是三色旗与调和的企图害死了 2 月 24 日。

又有什么容情可言……对谁容情呢?巴黎吗?让他毁灭吧。他的时辰已到,不可能再走下去了。2 月 24 日正是其荣誉的忌日。这个日子推动他,于是他又前进了一个月,然后就发现自己已经无能为力。他呼吸急促,步履蹒跚,5月15日起就已彻底止步了,坐等可怕的溃败。就让他退出舞台吧,他是一个老荡子,却怀揣青年人的美梦,要活下去就得有巴托罗缪之夜、九月屠杀、七月血洗——谁会用自己的鲜血来喂养这个老朽的吸血鬼?不,他已经走到了尽头,就让他同资产阶级共和国一同腐朽吧。他根本不知道,何谓平等,何谓自由,他对友爱一无所知。他以为,一切都要靠流血、屠戮、勇猛拼杀方能成就,那就让他在君子们的血海中沉没吧,彻底沉没!

资产阶级在巴黎大排筵宴,作威作福。而巴黎戒严已经整整一个月了,国民害怕国民的日子也整整一个月了。整整一个月了,每天都有大逮捕,女人们在家里瑟瑟发抖,惶惶终日,所有的地牢里都挤满了守卫街垒的人。资产阶级志得意满,27日他们终于可以大张灯火,他们的厅堂灯火辉煌,映照着其弟兄的殷红血迹。全部政权都落到了资产阶级手中,于是他们聚集在了梯也尔身边,花团锦簇,喜气洋洋。这人会成为总统的。费加罗当了共和国总统,还有什么更能让人开心的事儿呢!就让这些肥头大耳、皮肉松弛、贼眉鼠眼之辈与他共掌权柄好了,就让那些人统治去吧,他们的生活就是围着柜台转,就是权衡、算计,这样的生活在他们的脸上印上了背信弃义的标记。就让这个八百头的肮脏野兽去秽乱宫廷吧,在它之后就无人愿意占据那个位置了,人们会把御座制成一根耻辱柱。应该能制成一个相册并随便赠送给哪个病理学研究室,以便教育青年人,让他们看到人的形容变化之巨:可以从不动声色的堕落、谨小慎微的贪婪到饕餮、吝啬成性,然后摇身一变成为挚爱秩序的人!

只是巴黎为何会如此耻辱地死去?命运为何拒绝给他安排一个体面的死亡?令人扼腕痛惜。他曾经很善于嘲弄他人,而自己也要如此低级、滑稽地终结自己的前程了。有什么办法?不正是他在2月24日后容忍了反革命,使其得以站稳了脚跟么?不正是他在4

月 17 日后束手待毙吗？不正是他只为无须分享果实就招来了野蛮的非洲军团对付自己的弟兄吗？不正是他以职业杀手的冷酷无情杀害了他们吗？肆无忌惮地屠杀吧，你这资产者该隐、乏味的演说家、骗子，去承受理所当然的后果吧！愚蠢、卑劣、罪恶地走向毁灭吧……

这座村庄正在崩溃，现在，其中的所有成分，这个衰朽、割裂的世界赖以安放其荣誉、伟大的一切基础都极其下流，极其荒谬。这正是死亡的确切标志。

伟大的军队①……荣誉属于法兰西、莱茵河、莫斯科河，荣誉也属于你们。军人不可称作公民。记得吧，惩罚叛乱军团的时候，恺撒根本找不到比公民称谓更具有侮辱性的话。军队实乃国中之国。这是具有别样道德的国家。军人的一切都不适宜于人，而人的一切也不适宜于军人。军人一旦思考就很危险，而公民不思考的话则令人鄙视。军人的义务就是杀人，他们身着另一种装束，为的就是不与众人混同。他们不事稼穑，不事生产，而是武装起来并随时准备受命杀人，无论是杀阿尔及尔人，抑或是自己的弟兄。一句话，这就是我们的文明和那个文明的共同之处。那里近日刚刚发布了一份通告，通告中拉莫里西耶尔申斥了某支队伍，罪名是该部队因流血而心生怜惜："于军人宽容就是犯罪，他只应有一个信仰，即战旗的荣誉。"的确，这是一种全然不同的信仰。

普选权……这就是给你们的普选权②，它既缺乏共同的社会教育支撑，也缺乏思想支撑，不过是机械、冰冷、笨重的计数普选权，毫无节操可言。

国民议会的狭隘、落后、迟钝获得了胜利，正在崩溃的世界开始

---

① 原文为法文。——译注
② "普选权"，原文为法文。——译注

通过这七百张嘴大放厥词。三个月间这些人什么也没做。正如所有平庸的人一样,他们埋首于细枝末节,6月23日他们却一下子挺立起来,要给世界展示一幅前所未有的景象——七百人一致行动起来了,就像一个凶手、一个恶棍般一致地行动起来了。血流成河,而他们却没有丝毫爱与同情的表示,最可怕的恐怖最就源于胆怯。孔西德朗、科西迪耶尔提议和解,然而他们的建议被愤怒的咆哮所遮蔽。这位七百头的卡利古拉,那不勒斯国王这位志同道合的朋友根本就不知道什么叫宽宏大度、光明正大、英勇豪迈。他们无心理解阿弗尔死前所说的最后那些话,不允许读完哈尔基东主教的信。国民近卫军,这"自由与法律的捍卫者",充分理解了这些人的心思,"它是有大功于祖国的"①,因为正是它向手无寸铁的人群开火,也正是它大肆杀害那些被捕的人。于是向那些残忍无比的流动近卫军少年分发了十字勋章——而法兰西全然没有意识到,这份奖赏是多么龌龊!

不过,有人会说,激战正酣之际,血肉横飞,危险重重,人就会失去理智……虽说这并不能是谅解的理由,然而即便这一点也是不成立的。胜利之后已经一个多月过去了,该消停下来了,可是没有,迫害依旧,冷酷,凶恶,毫不留情。其间,已经有四万人被诉有罪,一万人披枷带锁,锒铛入狱,而整个程序都是纯粹审讯式的,是秘密、非法进行的。

最初的日子里,国民近卫军的爪牙拖出了路易·勃朗、拉格朗日②要枪毙,前者是因为梦想建立劳动组织,后者竟是因为参加了2月24日的街垒战!那时"共和国万岁"的尖叫震耳欲聋。现在侦讯

---

① 原文为法文。——译注
② 夏尔·拉格朗日,1833—1834年里昂革命运动的参加者,1848年2月巴黎街垒战的组织者。——译注

委员会的所作所为如出一辙——它试图为了共和国的福祉消灭巴贝斯，乃至临时政府。

历史无比娴熟、生动地运用着莎士比亚式的讽刺……那些无耻的献身者肆意抓捕人犯，原因就是他们自己说的：这些人侮辱了伟大的革命，侮辱了共和国。他们实为那些觊觎上位者所收买的爪牙。多么虚伪！其中又昭示着怎样的堕落、蜕化！假共和之名，他们正在一步步消灭共和所宣扬的一切，消灭构成这种社会形式生命力和可能性的一切东西。

二月共和国武装了人民，而反动派解除了人民的武装。穿工装的人手握武器，在资产阶级看来这就是犯罪。自由的法兰西公民不能在街头聚会——资产阶级颁布了聚会法①；他们也不能在屋里聚会，因为资产阶级关闭了各个俱乐部。没有了出版自由，没有了个人自由，激进的作家逃离了——托列、卡贝销声匿迹，而乔治·桑差点被投入监狱。有十一种杂志被封禁。这是拿破仑之后闻所未闻的奴役、桎梏。反对派噤声不语。真是无声的密约！② 人民垂头丧气，惊恐万状——分明不再是六月之前的那个人民了。国民近卫军中有一些明显持激进立场的人，资产阶级通过个别规劝的手段解除了它们的武装。需要补充一点，有些公民把武器交给了军队，并声明，他们之所以上交武器，是因为没有勇气朝法兰西人开枪。这些人被投入了监狱。杀人成为神圣的义务。谁的手没有在无产者的鲜血中泡胀，谁在小市民的眼中就会成为可疑分子。

只有拉梅内向这些食人的野兽发出了一声勇敢的哭泣、伟大的怒号、阴沉的诅咒。老人将面临审判。

然而他们躲不过老人的诅咒。不错，那些怯懦、卑劣之徒同样

---

① "聚会"一词原文为法文。——译注
② 原文为法文。——译注

躲不过。这些人只想要共和国的外壳，而不想要内核，竟还敢在大街小巷夸夸其谈，大言不惭：

自由，平等，博爱。①

这是但以理式的炽热预言，实乃死刑判决，不可上诉，不得赦免。

处决会有的，鲜血，鲜血，鲜血将会可怕地流淌。那么这血泊中将出现什么呢？旧世界的死亡、崩溃……这将是受压迫者的胜利，是复仇的节日……是混乱，即饮血狂欢……那么，然后——我就不知道了。市侩们的观念有多腐朽，社会主义者的观念就还有多不成熟。他们更多的是预感，而非知识；洞察更多的是当代之恶，而非未来之福……在这样的观念上是不会有革命的，却会有毁灭——会有那扎克雷起义，②那巴托罗缪之夜，在这样的恐怖面前六月事件简直像是慈父的训诫或者小儿的游戏了。在这血与火之海上，充斥着疯狂、愤怒和复仇，腐朽的、分崩离析中的世界将彻底毁灭。这太好了——死亡万岁……

混乱、毁灭万岁！……

死亡万岁！……

愿未来降临！

巴黎　　1848 年 7 月 27 日

---

① 原文为法文。——译注
② 1358 年法国的一次农民起义。——译注

原 编 者 注

　　本版首次刊出了《彼岸之声》部分章节的早期版本（见"其他版本"部分）:《别了！》(《Addio!》),《暴风雨之前》,《暴风雨之后》,《多诺佐·科尔特斯…》。这些版本大都是作者认可的,或者是赫尔岑同时代的权威副本。这些版本,以及其他抄本、《彼岸之声》首个单行本（德文版）以及期刊上发表的部分章节的外文本,均为赫尔岑思想发展和活动的关键时刻提供了新解释,于本书创作史而言至关重要。

　　依据版本:《彼岸之声》,伊斯坎德尔。第二版,作者修订本。伦敦,1858。

　　在这个版本之前,已先出过 1850 年的德文版和 1855 年的俄文版。

　　德文版于 1849 年秋在苏黎世刊印完毕。在与出版商卡姆贝协商后,1850 年春季所有印册都被转运到汉堡,并在那里加上了封皮和扉页。这个版本是匿名出版的,与后来版本不同,它分为两编。第一编包括《暴风雨之前》《暮气沉沉》和《何以解忧》这几篇文章或对话,有一个共同的标题《谁是正确的?》,并有引自歌德《普罗米修斯》的卷首题词。第二编包括《暴风雨之后》《统一而不可分割的共和国 57 周年》两篇,总标题是《1848 年 6 月 23、24、25、26 日》。该书以《致格奥尔格·赫尔维格》（该文几乎同时用法文发表,标题为

《俄罗斯》）和《致朱塞佩·马志尼》结束。

赫尔岑是1849年夏天产生出版文集德文译本这一想法的（参阅他1849年6月23日致妻子的信）。

翻译工作是由赫尔岑本人完成的。文学研究家卡普参与了翻译工作，赫尔岑照着俄文原稿向后者口述了德文稿。赫尔维格参与了译文的润色。1849年9月27日赫尔岑从日内瓦致信莫斯科的友人格拉诺夫斯基、科尔什等人说："我的那些谈话，经我本人和一个叫卡普的人翻译以及赫尔维格的修订后，取得了很大的成功。其校样被争相传阅。"

9月26日赫尔岑将一份书样（无最后两篇文章）寄至莫斯科格拉诺夫斯基处，请对方给他发些关于《彼岸之声》的评论过来，并建议在该书出法文版时选用。然而，法文版，以及赫尔岑同卡普交涉过的德文第二版，即德文修订增补版，都没能问世。

被纳入该书的各独立篇章发表在各种期刊上，德文、法文及意大利文的都有（参阅各章注释）。

第一个俄文版（1855，伦敦）用伊斯坎德尔的笔名出版，开篇是献词《致我的儿子亚历山大》和引言，引言纳入了致俄罗斯友人们的一片宣言，题为《别了》。此外，赫尔岑选入了《1849年闭幕词》《我无所执，凡百有持》及《瓦尔德加玛斯侯爵多诺佐·科尔特斯和罗马皇帝尤利安》，而删去了《致赫尔维格》和《致马志尼》两篇。1858年赫尔岑在伦敦再版《彼岸之声》时保持了上述内容，只做了一些修辞性改动。

1861年莫斯科出的地下石印本《彼岸之声》是1858年伦敦本的复制品。赫尔岑很可能与这个版本毫无关系。

除了《致我的儿子亚历山大》的早期法语稿本及其俄文复制本外，纳入《彼岸之声》一书的系列文章，作者手稿均不知所终。这样,于研究《彼岸之声》的创作史而言,赫尔岑生前出现的部分文章的独立抄录稿就具有了重大意义。这些抄本录自现已遗失的作者手稿,分别由赫尔岑妻子纳塔利亚·亚历山大洛夫娜(《引子》)、密友玛·卡·艾伦-雷赫尔(《暴风雨之后》,为赫尔岑本人校对过的抄本)、莫斯科友人尼·赫·凯切尔(《别了!》,《暴风雨之前》)完成,另外还有一位不知名人士(抄录员)在 1840 年代末抄录的《暮气沉沉!》。上述这些赫尔岑文章早期版本的抄稿在思想与风格上存在相当多的异文,数页内容在准备发表时被赫尔岑删除了,因而完全不为现代读者所知。

本版按照统一制定的规则,采用 1855 年版本和《彼岸之声》那些曾获作者本人认可的抄录稿。1850 年的德文版,以及德文、法文杂志上发表的部分,只采用了其中具有重要思想意义的版本。

《彼岸之声》一书是赫尔岑精神悲剧最鲜明的体现,这场悲剧始于 1848 年 6 月事件之后。这一时期赫尔岑世界观中的所有突出矛盾,他对乌托邦理想和小资产阶级幻想的失望在书中得到了集中表现。

在《往事与随想》中赫尔岑回忆了《彼岸之声》创作期间的状态和心情:"争论无果,我厌倦了,于是我拿起笔,怀着一腔怒火,默默地开始扼杀过去的寄托和希望。"(见《1848》一章)但在尽述使其备受折磨的痛苦怀疑、驳斥了那些陈腐而注定失败的观点之后,赫尔岑也在借此重获继续思想斗争的新土壤。在 1850 年 3 月 3 日致赫斯的信中赫尔岑这样谈到了自己的"小册子":"写完后,我摆脱了自己惨淡的心绪。"

赫尔岑不止一次指出,《彼岸之声》不是诠释某种最终观点的理论著作,也"不是宣传册"(见 1850 年 3 月 3 日致赫斯的信)。在 1851 年 6 月 19 日致莫斯科友人们的信中他写道:"这不是学术,而是揭露,是对那些荒谬理论和自由派演说家们的鞭笞,是酵素,此外无他。"在 1855 年首次用作《彼岸之声》前言的寄儿书中,赫尔岑指出:"不要试图从这本书里寻找解决之道",而在 1850 年 3 月 3 日致赫斯的信中他则强调,书中占主要地位的是抒情因素。

《彼岸之声》也应该被视作充溢着深刻思想内涵的抒情型陈述,它讲述的是作者的"逻辑小说",以及 1848 年革命失败后作者的思想探索历程。满怀悲观的赫尔岑常常迷失方向,游移不定,不能自已,陷入失望的泥潭,走进死胡同。但是他从未放弃探索通向未来的前进之路,因此完全有理由把《彼岸之声》称作"斗争的纪念碑",其中他"牺牲了很多,但却未牺牲求知的勇气"。

赫尔岑一边讲述自己的种种怀疑和犹豫,一边努力唤醒读者去思考,推动读者去研究事实,探索新的解决之道。"这应强烈吸引并引导人走向生活,使人忿怒又迫使人思考",他在 1851 年给友人们的信中谈到这本书时这样写道。

要准确理解《彼岸之声》的思想倾向,以及赫尔岑本人对这部著作所预期的作用,部分篇章的早期版本,以及 1850 年第一个德文版所纳入的内容(值得一提的是其中纳入了《俄罗斯》和《一位俄罗斯人致马志尼的信》)及其结构,还有这个版本与随后 1855 和 1858 年俄文版本的区别都具有极其重要的意义(参阅文献注释)。

最初的俄文手稿中有本书的引言(《别了!》),而在德文版中并未纳入。其中提出了海外俄罗斯进步人士所面临的任务。正如这篇序言的早期版本(《Addio!》)所展示的,赫尔岑在这里谈及了创建自由俄罗斯印刷所的意图。目前,这个版本是唯一确凿的证据,证明 1849 年初赫尔岑已经向自己提出了这个具有重大历史意义的任务(《别了》写作日期标注的是 3 月 1 日)。

这个早期版本中还有赫尔岑的一份声明,其中声称他在国外宣传俄国村社已经"有两年多了"(显然,也就是从抵达法国的那一刻起)。

赫尔岑此书在俄罗斯和西方都引起了巨大反响,在时代思想生活和斗争中都发挥了重大作用。

在俄罗斯,《彼岸之声》各章的抄本广为传阅。阿·尼·普列谢耶夫在1849年3月26日致谢·费·杜罗夫的信中提到:"抄本在莫斯科极受欢迎。目前大家都在称颂别林斯基致果戈理的信、伊斯坎德尔的短剧《暴风雨之前》……"(《彼特拉舍夫小组成员哲学与社会政治作品集》,国家政治出版社,1953,723页。)

在俄罗斯进步知识分子圈子里,这本书首先被认为是对世界历史重大事件和欧洲政治经验的反映,真实而富有戏剧性,浸透着悲观而饱经忧患的思想。1948年9月13日尼·阿·涅克拉索夫致信伊·谢·屠格涅夫说:"读《暴风雨之后》的时候,我哭了——简直是对心灵的极大震撼。"(尼·阿·涅克拉索夫,作品与书信全集,国家文学出版社,第十卷,1952,116页。)

1851年春格拉诺夫斯基致信赫尔岑(这封信的准确日期不明):"……我不能认可你对历史和人的看法……对于你在自己文章中所刻画的人类而言,对于如此粗陋而徒劳的发展而言,卓越伟大的活动家是多余的……你如今是在为能够理解你的思想且不因之而感到屈辱的少数人写作。"(文学遗产,第62卷,99页)

能感觉到,在回应中格拉诺夫斯基担心这本书可能被视作怀疑主义论调,助长社会消极意识,尽管如此,其中还是包含了某种肯定,承认赫尔岑对乌托邦幻想和希望的痛切失望无论于作者本人还是于进步思想的发展都不无助益。

在《俄罗斯的文学与作家》一文中,尼·伊·萨佐诺夫看到了赫尔岑书中表现出的危机,"但这是一个强大机体内在危机的体现,而其中的健康本源必将占据上风。"他指出了作品中富有特色的"人性颂歌,人性被视作精神世界崩溃之际残存的最后一块断片,是世界灾变之秋唯一值得救赎的珍品。"(文学遗产,第 41 - 42 卷,199 - 200 页)

赫尔岑本人也在给儿子的寄语中称《彼岸之声》是"一个人格独立者的抗议,声讨的是奴性十足、谎话连篇的陈腐观念⋯⋯"在专制农奴制俄国这种抗议就是反对政治压迫。因此高尔基在赫尔岑书中发现了"精心提炼的个人价值学说——在奴隶国家太需要出现这种学说了。"(马·高尔基,俄罗斯文学史,1939,208 页)

至于反动团体,其代表人物们则企图以赫尔岑的这本书作为反例,证明无神论具有多么致命的后果。比如 1859 年在柏林匿名出版的尼·瓦·耶拉金的讽刺小册子《伊斯坎德尔·赫尔岑》就是如此(第三章《对"彼岸之声"的回应》)。另一方面,1870 年尼·斯特拉霍夫一边虚伪地向赫尔岑表达"最崇高的敬意",一边断言,《彼岸之声》是与革命思想和社会主义一刀两断的标志。

列夫·托尔斯泰给予《彼岸之声》极高的评价,视之为精神与艺术上的不朽之作。在 1905 年 10 月 12 日的日记中托尔斯泰写道:"读了⋯⋯赫尔岑的《彼岸之声》,也赞叹不已⋯⋯"(列·尼·托尔斯泰,全集,第 55 卷,1937,165 页。)

收到弗·瓦·斯塔索夫 1905 年 9 月 24 日的信后,列·尼·托尔斯泰再次阅读了《彼岸之声》。斯塔索夫的信中说:"您还记得吗,列夫·尼古拉耶维奇,比如,就是《彼岸之声》一书前面的这篇《寄儿书》,还记得吗?我无数次为自己和别人诵读它,而每一次都像第一次,真正第一次那样读这些遗训。"(列夫·托尔斯泰和弗·瓦·斯塔索夫,通信集,1878—1906,澎湃出版社,1929,375 页。)

不过,正如列·尼·托尔斯泰 1905 年 10 月 18 日的回信所显示的,他努力从赫尔岑书中找到自己对流血革命斗争目标抵触情绪的共鸣,他对此书的赞赏也需要从这一点来解释。

费·米·陀思妥耶夫斯基在同赫尔岑的谈话中(1862)提到了《彼岸之声》的艺术成就,特别是该书的对话形式(参阅《作家日记》)。

在西欧民主派知识分子中,特别是在德国,《彼岸之声》大获好评。1872年自由派杂志《新时代周报》注意到,"著名的《彼岸之声》一书在德国影响深远。"(《新时代》,1872,首期,40页。)赫尔岑这本书激起的真诚而热烈的情绪在梅森堡的回忆录中得到了反映(《一个女理想主义者的回忆》第二部第三章)。梅森堡后来成为赫尔岑一家的朋友和其孩子们的教师。

《彼岸之声》引起了当时瑞士德国侨民中很多著名人士的注意,他们发表了"很多评论,而且多为赞许意见。"如福禄贝尔,不久后他使《彼岸之声》在美国得以推广(参阅:文学遗产,第7-8卷,71页),以及雅科比。赫尔岑本人在书的前言中也证明了这一点。在1849年8月4日从瑞士写给格拉诺夫斯基的信中,赫尔岑论及《彼岸之声》德文译本时以一种戏谑意味的密码形式写到了这部作品的成功:"顺便提一下,我的那些小乐曲特别成功,它们是由雷赫尔的朋友,一位德国小提琴手演奏的。我自己都没料到。"

另一方面,赫尔岑的这部作品也遭到了批评,有的发表在某些民主派的机关刊物上,有的则出现在写给作者的书信中。然而无论是支持者,还是资产阶级民主阵营的批评者都没能够透彻理解该书的真正意义。

雷·佐尔格被赫尔岑称为自己"最机敏的对手"(《彼岸之声》序言)。在1850年发表于《德意志政治、科学、艺术与生活月刊》上的系列文章中,佐尔格试图把赫尔岑对资产阶级民主观和幻想的批判引入歧途,借口是,《彼岸之声》表现了"一种特殊的观点",这一观点只能通过这位俄国侨民的处境,以及他的孤独得到主观的证明,但不能具有原则性的思想意义。佐尔格把赫尔岑的悲观主义与"我们的旗帜就是民族"相提并论,并将《彼岸之声》的观念称作"贵族式的"(1850,10–12,329,330页),然而却对这本书提出的基本问题视而不见,对探索正确革命理论的必要性,以及资产阶级民主世界观的虚弱无力置若罔闻。

莫伊塞·赫斯在与赫尔岑的通信中所持的立场大致相同(文学遗产,7–8卷,77–89页)。

至于蒲鲁东,则1849年9月15日他给赫尔岑的信是这样写的:"我跟您一样,也认为革命不能再允许有条不紊的和平运动,采用谨慎的过渡形式,那正是纯粹的经济学理论和历史哲学想要的。我们必须准备推进可怕的跳跃,阔步前进。但是我认为,作为政论家,在宣告未来的社会剧变时,我们不应把灾难说成是必要和公正的。我们应坚定不移地为每一个方面寻找最温和而理智的解决之道。"(文学遗产,62卷,500页)这表明,当时他们之间已经存在思想的歧异,只是《彼岸之声》的作者还没有发现而已。

赫斯、佐尔格、蒲鲁东都指责赫尔岑太过悲观,毫无依据地预言新的革命高潮即将来临。他们依旧在捍卫那些资产阶级幻象,而这些正是赫尔岑斗争的对象。

致我的儿子亚历山大

于1855年版上首次刊出,并于1858年版上再次全文刊出。作者亲笔手稿不知所终,然而1912年《言论》报第83期上曾转载过其拷贝件。这篇寄儿书的法文版发表时标注的是1855年1月1日,而作者手稿上（参阅其他版本部分）标注的则是1854年12月5日/11月23日。

1854年12月31日的新年晚会上这篇寄儿书曾由赫尔岑当众为儿子朗诵过，是时有许多欧洲革命流亡者在场。赫尔岑还当场将一本俄文版《彼岸之声》亲手赠送给了儿子（参阅玛尔维达·梅森堡：一个女理想主义者的回忆，1933，304－306页）。

1 "……陌生的、未来的他者将跨过这座桥梁。或许，你能看见他……不要在旧世界的岸边滞留……宁可随之毁灭，也比在反动收容所中苟活强。"——寄儿书最后这几行文字是由本编委按照赫尔岑生前出版的《彼岸之声》版本载入的。另一种异文还包括如下著名的语句："宁愿在革命中毁灭，也比在反动收容所中苟活强"，该异文存于1912年《言论》报第83期的摄影拷贝件手稿中。本编委认为，如廖穆克所为，把发表的文本与手稿混淆是没有根据的，况且，此处涉及的文句，经作者首肯的最后定稿就思想内容而言与早期稿本毫无矛盾。说到"宁愿随之毁灭"时，赫尔岑显然指的不是"旧世界之岸"（因为他号召不要滞留其上），而是能够体现未来革命的"陌生的、未来的他者"。

引 言

1855年版中首次刊出，1858年版中再次全文刊出。作者亲笔稿不知所终。

在早期版本中《别了！》曾用标题为《Addio！》，与最终定稿一样，标注的是1849年3月1日。《Addio！》是赫尔岑于1849年8月寄往莫斯科的。现存有尼·赫·凯切尔手抄的《Addio！》副本，该抄本源于早期版本,与最终定稿有显著差异(参阅其他版本)。

1 "12 月 2 日比我更有力地回答了他们。"——1851 年 12 月 2 日法国总统路易·波拿巴发动政变,驱散了立法会议并彻底摧毁了 1848 年二月革命的成果。

2 "这就是俄罗斯人,米什莱所谓'沉默'的一群。"——米什莱曾在《科斯丘什科的传说》一文中描述过俄罗斯民族的特征,该文发表于 1851 年的《L'Avènement du peuple》报,后又载入《民主传说》一书(巴黎,1854,44 页)。赫尔岑在《俄罗斯人民与社会主义——致儒·米什莱》一文中详细分析了米什莱对俄罗斯人民的态度,并与之进行了论战。

3 "有谁比我们民族更多地赞美过……我心灰意懒,虚弱不堪而忧郁满怀!"——赫尔岑引自尼·米·卡拉姆津的《梅洛多尔致菲拉列特》,有重大删节。

4 "……那个专制政权因欧洲正在进行着的一切而惊恐万状,凶恶无比。它正挥舞着沾满波兰人民鲜血的双手,加倍残酷地镇压任何思想运动,粗暴地割断六千万人民与正追求解放运动的人类之联系,扑灭照亮少数人的最后一点微弱火光。"——所指当是 1849 年匈牙利革命,这次革命是欧洲 1848 年系列事件的最后余波。在帕斯凯维奇元帅指挥的沙皇军队帮助下,这场革命被镇压下去。这位元帅还曾统率部队扑灭了 1830—1831 年的波兰起义。

5 "我亲历了两次革命……"——显然,此处赫尔岑指的是 1848 年意大利和法国革命,他是这些事件的见证人。

6 "……在深受两种文明滋养的土地上。"——第一种文明赫尔岑指的是古希腊,第二种则指的是基督教,他把中世纪和新时期都归属于后者。

7 "……限制发放出国护照的法令……"——应该指的是尼古

拉一世 1844 年 3 月 15 日限制发放护照的命令。可对照赫尔岑 1844 年 3 月 30 日的日记。

8 "……工程学院里的树条抽打改造。"——参阅赫尔岑日记中 1843 年 11 月 4 日关于此事件的笔记。

9 "坐等德国人向欧洲介绍我们……"——赫尔岑意指德国经济学家奥古斯特·哈克斯特豪森男爵,后者曾在 1840 年代应尼古拉一世之邀游历俄罗斯,随后即出版三卷本《俄罗斯内部关系、人民生活特别是农村机构研究》一书(1847—1852,第一卷出版于 1847 年),这部书向西欧读者介绍了俄罗斯。书中哈克斯特豪森最为关注的是俄罗斯的农村关系,特别是村社制度,视之为巩固农奴制的主要手段。赫尔岑尖锐批评了哈克斯特豪森的著作,同时指出,后者"的确捕捉了俄罗斯人民振奋人心的原则"(参阅《俄罗斯》一文)。赫尔岑对哈克斯特豪森的批判性评价请参阅 1859 年的《俄罗斯的德国人和德国的俄罗斯人》一文。

一　暴风雨之前

1850 年首次用德文发表,随后法语译文发表在巴黎《1850 年人民报》1850 年 8 月 9 日、11 日及 14 日的第 5、6、7 期上,标题是《Qui a raison? Dialogue sur le tillac avant l'orage》。俄文本首次刊出在 1855 年的版本上,随后又稍作修订刊出在 1858 年版上。作者手稿不知所终。

《暴风雨之前》创作日期标注的是 1847 年 12 月 31 日。赫尔岑 1848 年 1 月 30 日致莫斯科友人的信中首次提及此文。手稿中赫尔岑注明此文是献给季·尼·格拉诺夫斯基的。手稿直到 1848 年 8 月 8 日才寄往莫斯科。赫尔岑随稿寄给叶·费·科尔什的信中写道:"科尔什,我寄给你两篇要发表的文章,寄给你是为了让你把握一下,它们是否符合当前书刊审查机关的要求……《暴风雨之后》一文我觉得发表应该没有任何障碍,我也特别珍视它。我希望,奥加(廖夫)和格拉(诺夫斯基)能读到它……至于发表,请寄给《现代人》吧,发出来,尽管看起来不大可能。"

当然,于恐怖的审查条件下在俄罗斯发表《暴风雨之前》毫无可能。赫尔岑后来对文稿进行了大幅度修订。赫尔岑的莫斯科友人尼·赫·凯切尔抄录了《暴风雨之前》的早期稿本,这个手抄本现存于国家历史博物馆。那里存有两份"凯切尔版"抄录稿(其中一份未完成)。上文提到的法语译文依据的就是这个版本。在列宁图书馆还保存有一份1840年代末的副稿,是由不知名人士完成的,也同样源自这一早期版本。其中有数处与凯切尔抄稿稍有出入的地方。

1 "甲板上的谈话"——在《往事与随想》第二十九章中赫尔岑明确提到,《彼岸之声》的创作始于他同伊·帕·加拉霍夫的一场谈话。至于这场谈话出现的基础,赫尔岑认为是1847年底他和加拉霍夫之间的系列"长时间谈话"和"争论"。

2 "……是大奥秘吗……"——《暴风雨之前》一章的题词,出自歌德《威尼斯格言诗集》,第65首。

3 "帕斯卡说过,人们打牌是为了避免独处。"——帕斯卡在《思想录》(第五章)中表达过类似意见。

4 "教育对付我们,正如汉尼拔的父亲对付自己儿子那样,它让我们在认识之前就立下了约言……"——迦太基统帅哈米尔卡曾强迫自己九岁的儿子汉尼拔发誓将自己的一生献给与罗马斗争的大业("汉尼拔的誓言")。

5 "……寻找非人间的女郎,寻找'别样的自然、另一个太阳'。"

——评价德国反动浪漫主义者的诗歌时,赫尔岑特意转述了席勒《异国女郎》一诗的几行诗句。

于赫尔岑,1830年代起席勒"异国女郎"的形象就成了浪漫主义现实观的化身,这一浪漫主义现实观与他思想发展中的"席勒时期"密切相关。可比较其自传提纲《为了理解这篇受难者的自白……》(赫尔岑文集,第1卷,329页)。

6 "……自希腊七圣以来……"——半属于传说的七位古希腊哲学家(一般认为他们生活于公元前7—6世纪),以生活智慧著称,善用精短而形象的格言形式表达其思想。

7 "……您像麦克白一样,杀死了梦境。"——麦克白在国王邓肯睡觉时将其杀死。是时凶手恍若听到有声音呼喊:"麦克白之手杀死了梦境。"(参阅:莎士比亚,《麦克白》,第二幕,第二场。)

8 "……与那位多瑙河农夫的期待无异。"——指拉封丹著名寓言《多瑙河农夫》中的人物。

9 "……世界在倾覆……"——引自贝朗瑞诗《自杀者》。贝朗瑞这首诗是献给法国浪漫主义诗人奥古斯特·莱布拉和维克多·埃斯库斯的,二人因为合著的剧本《莱蒙德》失败而同时以自杀结束了生命。赫尔岑错将两个名字注为"德库"和"莱布律"。

10 "他的门徒们在国民公会中延续了他的生命……"——卢梭的门徒即雅各宾派,他们在《人权和公民权宣言》(1789)及1793年宪法的制定中采纳了卢梭的"社会契约"思想,并在组建革命政府的实际行动中将之付诸实施(包括立法权与行政权的统一,这在国民公会的行动中得到了体现)。

11 "……通过1830年革命造就了交易所的繁荣。"——1830年革命后法国建立了金融资产阶级政权。

12 "难怪莎士比亚称历史是傻瓜讲述的乏味故事。"——赫尔岑转述的是麦克白的话,不甚准确,语出莎士比亚同名悲剧(第五幕,第五场)。

13 "我们……又回到了那个松鼠轮子,回到了维柯老头所谓上升与下降的循环。"——赫尔岑意指意大利哲学家、社会学家扎姆巴蒂斯塔·维柯所谓的循环论,该理论在其论著《论各民族共性之新科学原理》(汉译《新科学》——译注)中得到全面阐释。这一理论把历史的全部进程描述为某种封闭的循环,据此,每种历史文化的上升时期(corsi)终将为衰败时期(ricorsi)取代。

14 "我们又回到了瑞亚的悲剧……新生儿中既无朱庇特,亦无玛尔斯……"——据希腊神话,大神克洛诺斯(即拉丁神话中的萨图恩)背负着一个预言,他同瑞亚结婚所生的孩子将夺取他的权力。为了保住宝座,克洛诺斯在所有孩子一出生时就都把他们吞掉了。瑞亚仅得以救下了最后一个孩子,即宙斯(拉丁神话中的朱庇特),她用襁褓包裹的石头换掉了孩子。成年后,宙斯夺取了父亲的权力。

15 "歌德早就阐明,美丽易逝,因为只有易逝之物才能是美的——这话很不中听。"——赫尔岑依据的是歌德诗集《四季》,《夏》(第三十五首)中表述的思想:

美神问:宙斯啊,缘何要我转瞬即逝?
主神答:我独赐易逝者以美。

赫尔岑在《科学中华而不实的作风》第四篇《科学中的佛教》一文中引用过这两行诗句。

16 "……死刑犯们向你致敬……"——这是古罗马角斗士上场时向皇帝致敬时说的话。

17 "……塔西陀的悲伤和哥伦布的狂喜……"——赫尔岑意指塔西佗反映罗马社会崩溃的著作中固有的悲伤色彩,以及哥伦布初抵美洲海岸时的狂喜之情。

18 "恩克彗星可能撞上地球……"——赫尔岑指的是当时关于地球会与恩克彗星相撞的传言。

19 "我想,要是马其顿的亚历山大知道他变成了油灰,正如哈姆莱特所言,他可一点都高兴不起来。"——哈姆莱特在墓地一场中对霍拉旭所说的话(莎士比亚,《哈姆莱特》,第五幕,第一场)。

二　暴风雨之后

1850 年德文版中首次刊出(参阅"不同稿本"部分)。俄文本刊发在 1855 年版上,随后又在 1858 年版上重发,几乎没有任何更改。后来赫尔岑将本文收入《往事与随想》第四卷(日内瓦,1867 年,《西方组曲》,第一册,三),并在 1868 年第 13 期《警钟》报上发表了其中部分法语译文,作为《思考与结论》第四章,署名为 I－r。该版本的结束语为:"我在这一段上停留良久。这些话是在恐怖的罪行和灾难之后的第二天脱口而出的,现在我不敢重复这些充满焦虑、泪水和痛苦的话语。"(引号中原书为法文,据原编者附注的俄语译文译出——译注)

文章写作时间标注的是 1848 年 7 月 24 日,在《往事与随想》中,赫尔岑指明文章作于六月事件的一个月后。《暴风雨之后》是由巴·瓦·安年科夫捎寄给莫斯科友人们的。

玛·卡·艾伦(即玛丽亚·卡斯帕罗夫娜·雷赫尔,俄国女作家,赫尔岑好友——译注)抄录了另一份文稿,经赫尔岑亲自修改后,这份文稿由纳·阿·图奇科娃携入俄罗斯。本文的这个早期版本前应该有一段《Dedication》(即《献词》,见法文档案)。但这篇《献词》的作者手稿下落不明,只存留纳·亚·赫尔岑手抄的一份副本(列宁图书馆),日期标注的是 1848 年 8 月 1 日。《献词》赫尔岑生前未刊印过,1908 年,作为收信人不明的书函首次发表于《时钟》报第 88 期上。

在 1855 年版中赫尔岑将《献词》弃而不用,盖因该版问世于尼古拉一世尚且在位之际,是时图奇科夫家已经处于警察监视之下,赫尔岑担心会给图奇科夫家带来政治迫害。也不排除 1855 年和 1858 年时赫尔岑手头恰好没有《献词》的文稿。《献词》与《暴风雨之后》这篇随笔之间在思想、艺术上存在着有机的联系,本版编委认为必须把《献词》置于正文下面。

本文早期稿本中除了有许多异文之外,还包括赫尔岑后来在准备俄文版时亲手删掉的数页。其中第一页右上角有纳·阿·图奇科娃－奥加廖娃的题注:"这是亚·伊·赫尔岑献给我并赠送我的。玛·卡·艾伦 1848 年 8 月于我们离开巴黎之前誊写。"

"我很想知道你们关于我这些新文章的意见,"1848 年 9 月赫尔岑写信往莫斯科说:"是否值得点灯熬油? 是否要继续为你们写下去? 因为这并非为了发表而写的。请你们不管怎样给个暗示吧。"

1 "还记得拉舍尔唱的《马赛曲》吧?"——拉舍尔演唱的《马赛曲》给赫尔岑的许多同代人都留下了强烈印象。伊·谢·屠格涅夫和巴·瓦·安年科夫都去听了拉舍尔的演唱。巴·瓦·安年科夫在《巴黎 1848 年 2 月和 3 月》一文中记述了拉舍尔的表演给自己留下的印象(见《回忆和批评文集》,卷一,圣彼得堡,1877,第 324－325 页)。

2 "……在戒严状态下这歌声太刺耳了。"——1848 年 6 月 23 日立法会议宣布巴黎戒严。

3 "……2 月 24 日后……"——1848 年 2 月 24 日,起义后国王

路易·菲利普被赶下宝座,在巴黎建立了临时政府。下文所谓"2月24日的欺骗"之语,赫尔岑指的是临时政府的背叛性政策,与法兰西人民的要求相悖,临时政府害怕宣布成立共和国,也没有履行解决"社会问题"并实现"劳动权"的承诺。

4 "……《民族报》的囤积为他们提供了执行者。"——意指资产阶级共和派扮演的反动角色。《民族报》为该派机关报,在1848年6月对巴黎无产阶级的血腥镇压中,卡芬雅克也与"民族派"关系密切。

5 "……高唱着'为祖国而死'……"——出自大仲马与奥古斯特·马科合著的剧本《红屋骑士》,是其中《吉伦特派之歌》副歌开始时的歌词。该剧改编自大仲马的同名小说,1847年首次在巴黎历史剧院上演。赫尔岑在文集《玛丽尼大街的来信》第二封信中写到,他从未见过比这部戏剧"更令人厌恶、更无聊、更乏才情"的东西了。副歌歌词引自《马赛曲》作者鲁热·德·利尔的作品《隆塞沃的罗兰》。副歌的旋律亦出自德·利尔之手。《吉伦特派之歌》其他部分的音乐由作曲家、历史剧院导演瓦尔内谱写。1848年革命前不久这首歌在巴黎小市民中间很流行,革命期间更是广为传唱。当时被称作"第二马赛曲"。

6 "此情此景,即便1814年巴黎也未曾目睹过。"——即拿破仑一世失败后巴黎被俄国皇帝和普鲁士国王的军队占领时期。

7 "拜伦描写过夜晚的战斗……血迹斑斑的衣服。"——参阅拜伦长诗《阿道比斯的新娘》,第二歌,26节。

8 "……革命像萨图恩那样吞食自己的孩子……"——参阅《暴风雨之前》一章的注释14。

9 "……否定就像尼禄,要杀死自己的母亲,以便与过去决裂。"——罗马皇帝尼禄曾下令杀死帮助其登上宝座的母亲阿格利皮娜。

10 "……高贵的神学国王之 1 月 21 日正在来临。"——1793 年
1 月 21 日法国国王路易十六被处决。

11 "……正如处死路易十六的程序一样,是针对吉伦特派的探
路石……"——吉伦特派在国民公会中反对处死路易十六,尽管其
中部分人并未决意投票反对处决。

12 "……出现了优秀的革命少年,那些杰出、雄辩、然而虚弱的
少年。"——赫尔岑指的是 1793 年 10 月被处死的那些吉伦特派
成员。

13 "……而在他们之后,丹东那雄狮般的头颅以及革命宠儿卡
米尔·德穆兰的头颅也滚落尘埃。"——丹东及其支持者于 1794 年
4 月 5 日被处死。

14 "……现在该轮到那些意志坚定的刽子手了……"——赫尔
岑指的是那些雅各宾党人(罗伯斯庇尔,圣鞠斯特等),他们在 1794
年 7 月 24 日的热月政变中被推翻,并于 1794 年 7 月 28 日被斩首。

15 "……妥协的三色旗被弄得污秽不堪了……"——1848 年二
月革命之后,尽管无产阶级进行了抗议,法国国旗仍然沿用了三色
旗,1789 年以来该旗帜一直是资产阶级国家的象征。当然,为表示
向要求红色旗帜的人民大众让步,在三色旗的旗杆上镶上了红色的
花结。

16 "整整三个月,那些由全民投票选出的全法兰西大地的代表
什么也没做……"——赫尔岑说立法会议三个月无所作为,是不尽
准确的:立法会议选举于 1848 年 4 月 23 日举行,也就是说是六月
革命的两个月前。

17 "……八百人一致行动起来了,就像一个凶手、一个恶棍般
协调一致地行动起来了。"——指立法会议的活动。

18 "……阿弗尔濒死的声音……"——1848 年 6 月 25 日巴黎大主教阿弗尔在圣安东区街垒前受伤,当时他正去劝说起义者停止抵抗。射向他的冷枪来自政府军队列。后阿弗尔伤重身死。

19 "……这个多头的卡利古拉,这个踏着铜钱大步迈进的波旁王室……"——暗指资产阶级立法会议。立法会议授予了卡芬雅克镇压巴黎无产阶级六月起义的专断权。赫尔岑称立法会议为"踏着铜钱大步迈进的波旁王室",意在强调立法会议的 800 名议员俨然就是旧专制政体的化身

20 "……山岳隐匿到了云雾之后,一边庆幸自己幸而躲过了枪杀,躲开了地牢……"——在 1848—1850 年的系列革命时期,小资产阶级共和派代表被称作"山岳派",其在立宪会议以及随后立法会议中的领袖是赖德律 - 洛兰。

21 "拉梅内老人阴郁的诅咒将印在那些暴虐者的头上……"——二月革命之后,拉梅内创建了《人民立法者》报。《阴郁的诅咒》是该报最后一期上的一篇进步文章。文中拉梅内痛斥了对六月起义者的残酷镇压。这成为卡芬雅克关闭报 社的借口。可对照赫尔岑 1848 年 8 月 2—8 日至莫斯科友人们的信件。

22 "……血腥的九月……"——1792 年 9 月初,巴黎发生大规模屠杀狱中在押反革命分子的事件,起因是担心他们会支持兵临首都城下的普鲁士反革命军队。

23 "……6 月 27 日,不正是这些鲜血映红了欢呼雀跃的市侩们点燃的灯火吗?"——6 月 27 日前巴黎无产者的起义被镇压了。为了向卡芬雅克的胜利致敬,巴黎装饰了彩灯庆祝。

24 "……他把一个幸运的士兵推上了皇帝的宝座……"——指拿破仑一世。

25 "……十五年后,它又一次把一个小军士庸俗的塑像安置到

圆柱上……"——赫尔岑指的是巴黎旺多姆圆柱。圆柱是 1806 年为了庆祝拿破仑一世的系列胜利所建,顶端置有拿破仑一世的塑像。1814 年塑像被毁并代之以百合花雕塑,1833 年恢复。

26 "……它无限敬仰地再次搬出奴役制复辟者的遗骸……"——1840 年拿破仑一世的遗骸被隆重地从圣赫勒拿岛迁葬巴黎荣誉军人院。

三 统一的、不可分割的共和国五十七年

首次刊出于 1850 年德文版(参阅其他稿本)。俄文修订稿收入 1855 年及 1858 年版。作者手稿不知所终。

文章写作日期标注的是 1848 年 10 月 1 日。同年 11 月 5 日赫尔岑将其寄给了莫斯科的朋友们。

1 "这不是社会主义,而是共和国!"——1848 年 9 月 22 日赖德律 - 洛兰在夏尔宫的演说辞——出自赖德律 - 洛兰为纪念 1792 年 9 月 22 日法兰西共和国成立周年庆在夏尔宫发表的演讲,赫尔岑引用的话不尽准确(赫尔岑原文错把演讲日期标注成 1848 年 10 月 22 日,请参照本章结尾标注的日期——1848 年 10 月 1 日)。赖德律 - 洛兰演说稿可参阅 1848 年 9 月 25 日的《辩论报》。

2 "近日欢庆了五七年葡月一日。"——1848 年 9 月 22 日(共和国历五七年葡月一日,共和国历是 18 世纪资产阶级革命时期所采用的,纪年从 1792 年 9 月 22 日,即共和国宣布成立之日开始。)举行了法兰西第一共和国成立五十七周年庆。

3 "……军人专政……"——赫尔岑用"军人专政"这个词,意在强调直到 1848 年 12 月 10 日总统选举前卡芬雅克在政府中的作

用，即作为"法兰西共和国最高行政官"的作用。

4 "这就是为什么那些曾经宣告共和国诞生的人摇身一变成了自由的刽子手……"——1848 年 2 月 25 日，临时政府在人民大众的压力下宣布成立共和国。临时政府的多数阁僚都当上了立法会议的代表，六月革命期间立法会议则授予卡芬雅克镇压无产者起义的非常权力。资产阶级共和派分子的自由主义反革命本质就此暴露无遗。

5 "……路易·菲利普还没来得及逃到圣克鲁，新政府就在德维勒饭店成立了……"——圣克鲁市距巴黎不远，城中有路易·菲利普的避暑行宫。2 月 24 日他退位后出奔此地。革命的结果是当天在市政厅组建了临时政府。

6 "……而后者呢，则像彼得，三次否认了自己的说辞和诺言……"——据福音书记载，圣彼得向基督承诺绝不背离他，而在基督被犹大出卖并被捕的那天夜晚，彼得三次拒认耶稣（马太福音，26 章，69–75）。

7 "……他们就是马尔萨斯所谓没有接到生活盛宴邀请的人……"——马尔萨斯在其《人口学原理》一书第一版中阐述过这个思想，该著第一版于 1798 年匿名出版。

8 "……善举……"——赫尔岑大概指的是立法会议的两项法令，一项法令于 1848 年 7 月 5 日正式通过，决定拨款 300 万法郎，向巴黎贫困居民发放救助金；另一项则决定向各类工人协会提供 300 万法郎的贷款。

9 "一边吃华夫饼就香槟……"——引自加·罗·杰尔查文《智慧的吉尔吉斯-卡伊萨基公主费丽查颂》。杰尔查文原诗为"他们吃着……"

10 "……它们恰如身处中世纪的亚历克休斯们、帕里奥洛加斯们。"——亚历克休斯、帕里奥洛加斯分别为拜占庭两代王朝的末代皇帝,自认是"野蛮"的中世纪里希腊文化和教养硕果仅存的继承人。赫尔岑用他们的名字指代注定灭亡的、陈腐的文化。

四 暮气沉沉!

首次刊出于 1850 年德文版。俄文稿首次发表在 1855 年版上,随后又再刊于 1858 年版。作者手稿不知所终。国家历史博物馆藏有 1840 年代末的手抄稿副本,该副本抄录自早期版本。

文章写作日期标注的是 1848 年 12 月 1 日。1848 年 11 月 5 日赫尔岑将《统一的、不可分割的共和国五十七年》译文寄给莫斯科友人们时就写道:"但文中言犹未尽,目前我正更彻底地思考同一个问题并正在写一篇新的文章,题为《Vixerunt》。"(拉丁文,意为"衰亡"——译注)

1 "1848 年 11 月 20 日……"——在《暮气沉沉!》一章中,赫尔岑描述了在巴黎协和广场隆重举行的新宪法颁布仪式,这部宪法是国民议会 11 月 4 日通过的。仪式并非如赫尔岑所言是 20 日举行的,而是 1848 年 11 月 12 日。对此的详细报告刊载于 1848 年 11 月 13 日《世界箴言报》报(第 318 期),《箴言报》关于这场仪式的描述是对资产阶级宪法的颂歌,但在许多事实细节上与赫尔岑的描述一致。

2 "一人身裹非洲长袍……散发出灾难与不幸的气息"——指卡芬雅克。

3 "另一人身材肥胖,衣着光鲜……对自己的功勋、地位志得意满"——这里刻画的是国民议会主席马拉斯特的外貌。可对比一下中篇小说《医生、垂死者与亡灵们》(1869)第三章《亡灵们》中对马拉斯特的刻画。

4 "人民……徘徊在所有遇难弟兄的公共棺木旁,也就是七月纪念碑旁。"——在 1855 年版和 1858 年版中有误排:"七月纪念碑"排成了"六月纪念碑"。这里谈的是巴黎的七月纪念碑,纪念碑是 1833—1840 年间在巴士底广场上建造的,纪念 1830 年七月革命中的牺牲者。纪念碑上撰有葬于碑下的 1830 年革命事件参加者姓名。

5 "……伴随它们的是苍白的《为祖国而死》——这些唱词取代了伟大的《马赛曲》。"——参阅第二章《暴风雨之后》注释 5。

6 "……一位我们已经熟悉的年轻人……"——指《暴风雨之前》一章中赫尔岑的对话人伊·帕·加拉霍夫。

7 "……在维也纳人们也已经学会了构筑街垒……"——1848 年革命期间维也纳不止一次出现过街垒。这里指的是 1848 年十月起义的日子里构筑的街头工事。

8 "留下看完最后一幕更好一些,哈姆莱特的命运固然让观众饱受折磨,然而有时他们也能遇到年轻而朝气蓬勃的福丁布拉斯。"——莎士比亚悲剧《哈姆莱特》最后一场(第五幕,第二场)表现了哈姆莱特之死,以及挪威王子福丁布拉斯的到来,后者有丹麦王位的继承权。

9 "……拉杰茨基拿下了米兰……"——1848 年 8 月 6 日奥地利军队总司令拉杰茨基元帅控制了米兰,这是伦巴第乃至整个意大利北部民族解放斗争被镇压下去的最重要标志。

10 "……德国的运动穿过法兰克福漩涡之后就踪影全无了……"——赫尔岑讥刺全德意志国民会议的活动,该会议于德国系列革命事件后在美因河畔的法兰克福召开(即所谓的法兰克福议会)。

11 "……卡尔 - 阿尔伯特没能坚持意大利独立……"——在群众运动的压力下,1848 年 3 月 23 日撒丁国王卡尔 - 阿尔伯特向奥地利宣战,以图将意大利从奥地利的枷锁中解放出来。但是因为害怕人民的革命运动,卡尔 - 阿尔伯特在战争中玩弄了两面派手腕,并于 1848 年 8 月 9 日同奥地利缔结了合约,这使得意大利多地重新陷入奴役地位,包括伦巴第、威尼斯等等。

12 "……庇护九世原来坏得透顶……"——庇护九世在社会运动的压力下被迫进行了一些改革,但是又迅速改变了政策,1848 年 4 月 23 日即呼吁结束与奥地利的战争。关于庇护九世的评议还可参阅《科尔索大街的来信》。

13 "……面对身着白森森制服的野蛮士兵……"——白色制服指的是奥地利士兵的军服。

14 "……朗巴尔亲王夫人的命运……"——意指 1792 年"九月事变"中处决朗巴尔公爵夫人一事。朗巴尔公爵夫人与玛丽·安托瓦内特王后关系密切,是路易十六反革命政策最积极的参与者之一。人民对之极其憎恨,以至于有人用长矛挑着她被斩下的头颅游街,作为战胜反革命的标志。

15 "……卢克莱修曾说没有比隔岸观看船只沉没更愉快的事了,此言不足为信,不过诗人的浮语虚辞罢了。"——参阅卢克莱修《物性论》(第二卷,第一首诗及后一首)

16 "……从巴勒莫起义到维也纳沦陷……"——巴勒莫(西西里)起义爆发于 1848 年 1 月 12 日,期间发生了街垒战。经过数日的血腥围城战,革命的维也纳于 1848 年 11 月 1 日陷落,围城的反革命军队由温迪施格雷茨指挥。

17 "……还不到艾拉乌一场战役的三分之一……"——1807 年 2 月 8 日,当时最血腥的战役之一在普廖伊西什 - 艾拉乌近郊爆发。战斗在拿破仑一世的部队和俄罗斯部队间进行,双方一天内均死伤近四万人。

18 "……两个皇帝的河上会晤……"——1807 年 6 月 25 日,在提尔西特附近涅曼河中的一条小船上拿破仑一世和亚历山大一世首次会晤。谈判的结果,1807 年 7 月 7 日缔结了提尔西特合约。

19 "……一个固执的老头子……"——指法国国王路易·菲利普。

20 "……平庸的神人之友会教徒……"——即拉马丁。此人出任二月革命后掌权的临时政府外交部长,实际上全面掌控着临时政府的政策。

21 "……顽固贵格派教徒……"——赫尔岑指的是弗朗索瓦·基佐,1848 年革命前夕基佐曾任法国总理。

22 "……2 月 26 日已经揭示了 24 日的全部性质。"——评述 1848 年二月革命时,赫尔岑不止一次指出,早在 2 月 26 日,特别是在国旗风波之后(资产阶级共和国的三色旗于 2 月 25 日通过),这场革命的资产阶级实质已是昭然若揭。请参阅 1848 年 8 月 2—8 日赫尔岑致莫斯科友人们的信:"拉马丁拒绝红色旗帜之际,也就是他将灵魂出卖给资产阶级之时。三色旗岂能适宜新生的共和国……这岂是友爱之旗? 2 月 26 日共和国开始大步后退……"

23 "……第一次革命中最有洞察力的评论者是一名马医……"——意指让-保尔·马拉,他曾是一名医生。

24 "……早在 2 月 27 日一名化学家就在自己的杂志上刊文……"——赫尔岑说的是拉斯拜尔对临时政府持反对立场的《人民之友》报。

25 "……裹之以赖德律-洛兰的一连串公告……"——赫尔岑是在说赖德律-洛兰 3 月 8 日和 11 日发表的通告。赖德律-洛兰时任内务部长,在这些通告中,他指示奔赴各省的特派员采取坚决行动,与地方的君主制势力展开斗争,用共和派取而代之。

26 "……却因为三个月的戒严而幡然醒悟。"——国民议会于1848年6月事件中在巴黎实施戒严令,同年10月份方解除。

27 "只有那位巴黎大主教才不明白,鏖战方酣之际所有人都是充耳不闻的。"——意指巴黎大主教阿弗尔(参阅第二章《暴风雨之后》注释18)。

28 "回忆一下李尔老头的话吧……"——赫尔岑随后引用的是李尔王对大女儿里甘说的话(莎士比亚,《李尔王》,第二幕,第四场)。

29 "……刽子手的一个同伙曾宣布您的死刑,而另一个同伙随即宣布赦免您,改判终身监禁……"——1839年"四季社"在巴黎发动的起义,阿尔芒·巴贝斯因参加起义被判处死刑,路易·菲利普改判为终身监禁。

30 "他们滚滚向前,恰如那个著名的印度神像,所遇之人统统要扑倒在他的双轮战车之下……"——赫尔岑指的是印度的宗教盛典,盛典期间会用一个巨大的双轮大马车运载扎格诺特神像。

31 "……人民依旧在充当卡斯帕尔·豪泽尔……"——1828年及随后的数年间,卡斯帕尔·豪泽尔的命运在全欧都备受关注,此人蒙昧而饱受折磨,对自己的出身一无所知,赫尔岑把人民与卡斯帕尔·豪泽尔对照,指的是此人与文化完全隔绝这一点。

32 "人民则自行其是,正如其代表之一,桑丘·潘沙所干的那样——他放弃了虚假的宝座,或者最好说是根本就未曾就座。"——塞万提斯在《堂吉诃德》第二部中讲述了桑丘·潘沙做总督的滑稽故事。

33 "……去投那位侄子一票了。"——即投票给路易·波拿巴,他是拿破仑一世的侄子。

34 "……45 生丁税……"——即向土地所有人征收的每法郎直接税中需再征收 45 生丁的税,此税是临时政府 1848 年 3 月 16 日颁布法令引入的。此税引起了农民的深刻不满。

35 "……不给贫困的劳工发放进入巴黎的通行证。"——在 1848 年 8 月 2—8 日致莫斯科友人们的信中,赫尔岑谈到了法国政府的这一措施:"知道吗,如今不放那些尚无立足之地的劳工进巴黎了,各省都不再给那些贫困的劳工发通行证了。"

五　何以解忧

首次刊出于 1850 年德文版。俄文修订稿收入 1855 年及 1858 年版。《何以解忧》写作日期标注的是 1849 年 3 月 1 日。作者手稿不知所终。

1 "人非生而自由的"——歌德剧本《托夸多·塔索》中塔索的台词(第二幕,第一场)。

2 "……这滴赐予拉萨路的神水……"——赫尔岑引用的是福音书中拉萨路的形象。据传,耶稣的眼泪滴落到拉萨路的墓上,从而让拉萨路复生(约翰福音,第十一章,17－45)。

3 "……蒙第庸奖金……"——法国以慈善家蒙第庸命名的美德奖金。蒙第庸将自己的大部分财产都留给了慈善事业。

4 "人是生而自由的——却无往不在枷锁之中!"——这是卢梭《社会契约论》第一章卷首语。

5 "……亚里士多德称阿纳克萨戈拉是酗酒成性的希腊人中第一位清醒者……"——参阅亚里士多德《形而上学》(第一卷,第三章)。

6 "……响应了十二使徒的召唤……"——据福音书的传说,耶稣死后十二使徒积极从事传教活动。

7 "……这让我想起了罗伯斯庇尔的话:'无神论乃贵族思想'。"——这句话出自罗伯斯庇尔 1793 年 11 月 21 日在雅各宾俱乐部发表的演说。

8 "……至高之主的节日……"——赫尔岑指的是 1794 年 6 月 8 日举行的"至高之主"盛典。

9 "……无神论者克罗茨的头颅滚落在他的脚前,成为偏见的牺牲……"——阿纳哈西斯·克罗茨宣称自己是"上帝的私敌",宣扬背弃基督教的观点,罗伯斯庇尔则坚信人民必须有宗教,因此视之为自己的死敌之一。在罗伯斯庇尔的坚持下,克罗茨被开除出雅各宾俱乐部,随后于 1794 年 3 月 24 日同其他阿贝尔派人士一起被处死。关于阿纳哈西斯·克罗茨可参阅赫尔岑短篇小说《初见》。

六 1849 年闭幕词

首次用德文发表于德国流亡者的刊物《纽约晚报》,发表时间应为 1850 年 9 月或 10 月,落款日期是,"伦敦,1849 年 12 月 21 日"。事实上此文作于苏黎世,副标题中点明了赫尔岑的作者身份。赫尔岑档案中存有取自两期晚报的本文剪报,现存于列宁图书馆。据此无法判定所剪两期报纸的出版时间,在苏联境内的图书馆中也未能找到这份报纸。

报纸的纽约编辑部发表《1849 年闭幕词》时附有一条有趣的备注:"我们应许多订阅者的要求发表《闭幕词》一文,其手稿是去年春季交给尤利乌斯·福禄贝尔先生的……他在自己的最后一堂课上向听众们讲述了这份手稿的内容。无论欧洲还是美洲,再无他人知晓这份手稿,也不可能再搞得到,因为巴黎警察在搜查作者居所时没收了俄文原稿。"

《纽约晚报》上的德语译文与俄语原文有异。原文更简要,而译文有很多偏离,特别是在修辞特征上。有趣的是,德语译文中遗漏了下面的话:"远涉美国的人们不是把老旧的英国一道搬过去了吗?"显然,这个遗漏是这家纽约报纸编辑审查的结果。

本文第二次发表时依旧用德文,发表在《德国政治、科学、艺术、生活月刊》杂志1850年12期上,463-472页,签名为伊斯坎德尔。《1849年闭幕词》的杂志版与《我无所执,凡百有持》都有一系列的歪曲,结构上也与作者授权发表的俄文版不同。俄文稿首次刊出于1855年版,后又在1858年版上刊出,且几乎毫无改动。关于本文写作时的情势可参阅《往事与随想》(《西方组曲》,第二辑,一.哀歌)

1 "此间祭品前所未闻,……"——引自歌德叙事诗《科林斯的未婚妻》。

2 "从巴黎重新启用断头台……"——布雷阿将军曾指挥卡芬雅克麾下的一个纵队,六月起义期间遭巴黎武装起义者枪杀,赫尔岑所指正是这一事件的审判结果。此案诉讼从1849年1月15日持续到1849年2月9日,结果,有两名已向法庭表示效忠的起义者被判处死刑并被斩首。这样,临时政府关于取消政治犯死刑的法令事实上遭到了破坏。

3 "……布尔热审判……"——1849年3月至4月间,1848年5月15日巴黎游行示威案在布尔热进行审判。最高法院判处数名示威组织者(巴贝斯、布朗基、拉斯帕伊尔、阿尔贝等)流放或长期监禁。

4 "……到英国人在凯法罗尼亚为孩子们准备绞刑架……"——1848—1849年间英国统治下的凯法罗尼亚岛上(爱奥尼

亚海的一座岛屿)发生起义,争取民族独立,起义被英国人残酷镇压了。

5 "……从普鲁士王兄射向巴登民众的子弹……"——指普鲁士国王弗里德里希－威廉四世之弟,王位继承人威廉王子,他后来成为德国统一后的第一位皇帝,威廉曾指挥普鲁士军队残酷镇压了1849年5月、6月间德国南部各地(特别是巴登公国)的革命运动。

6 "……罗马陷落于背叛人类的民族之手……"——赫尔岑如此指称法兰西民族,因1849年在资产阶级反动派的要求下法国军队开始武装干涉罗马共和国,为教皇庇护九世保驾护航。尽管意大利人民进行了英勇的抵抗,但法军仍于1849年7月3日进入了罗马。

7 "……到叛国统帅将匈牙利出卖给敌人……"——指匈牙利革命军队总指挥戈尔盖的背叛性政策。1849年8月13日戈尔盖将匈牙利部队引入包围圈,并向尼古拉一世派往匈牙利镇压革命的俄军投降,他的背叛行径就此大白于天下。

8 "……诞生的不是马略……"——此处,赫尔岑将古罗马统帅及政治家马略用作复仇者的化身。这一类比的基础是下述史实。马略曾与大土地及奴隶所有者利益的代表苏拉进行斗争,为报复自己一时遭受的挫折,马略残酷地惩罚了对手们。

9 "……罗伯特·布鲁姆遇害……"——罗伯特·布鲁姆受法兰克福议会派遣前往维也纳参加革命活动,1848年11月9日被温迪施格雷茨的反革命军队枪杀。

10 "……潮涨潮落……"——参阅第一章《暴风雨之前》注释13。

11 "……国民公会的共和国则是五头专制……"——赫尔岑把国民公会时期的法兰西共和国称作"五头专制",意在强调雅各宾专政时期全部权力集中到了救国委员会手里。救国委员会是 1793 年 4 月 6 日根据国民公会的法令组建的,委员会中起主导作用的有罗伯斯庇尔、圣鞠斯特、库东、卡尔诺。难以确定赫尔岑视谁为第五位,可能是比洛 – 瓦连内或科洛. 德. 艾尔布瓦。

12 "……疯狂的帝国时代……"——指拿破仑一世的帝国时期。

13 "一身血债的天主教恐怖主义者梅斯特惊恐不安,于是将一只手伸向了教皇,另一只则伸给了刽子手。"——约瑟夫·德·梅斯特是革命狂热的反对者,且不满法国复辟政权采取的体制。他试图从天主教中寻求摆脱革命的出路,1819 年梅斯特写就《教皇》一作,鼓吹教皇权力永远正确,要求确立教皇对整个基督教世界的统治权。梅斯特确信暴力与恶皆不可免,甚至对刽子手的工作大加褒扬。

14 "……19 世纪唯一的诗人……溘然长逝于为复兴而战的希腊,年仅 37 岁……'祖国的海岸'。"——指拜伦。拜伦参加了希腊人民反抗土耳其压迫的民族解放斗争,37 岁时逝于迈索隆吉翁(位于希腊西部)。

15 "……'地下鼹鼠''锲而不舍'。"——此处赫尔岑提及的是莎士比亚悲剧《哈姆莱特》中的比喻(哈姆莱特语,第一幕,第五场)。黑格尔曾在《哲学史讲演录》中采用过这个比喻(第三部,第三卷,第四章,E)。值得指出的是,在《拿破仑·波拿巴的雾月十八日》一文中,马克思在分析欧洲革命不可避免时也曾采用过这个比喻,(卡·马克思与弗·恩格斯文集,二卷本,第一卷,1952,291 页。)

七　我无所执，凡百有持

首次用德文匿名刊登于《德国政治、科学、艺术、生活月刊》（1850，第 8 期，224 - 243 页），有一个副标题《一个善意的劝诫》。附有编辑备注："下面这篇文章我们获自《意法书简》和《彼岸之声》的作者（这两部书都已由霍夫曼及卡姆贝出版，直接译自俄文手稿）。是时，关于党的任务和前途，党内讨论已经变得严肃得多了。故此我们立即将此文呈送朋友们。大家都专心致志地读完了此文，感到这些语句热情洋溢，字里行间充溢着辩证力量。无论我们最终决定如何，我们都感激这位劝诫者的关怀之情。他号召我们勇于创新，为新的生活观准备土壤。尽管不乏哲学上的怀疑和不幸，但这种生活观的地位在日益巩固，蒸蒸日上。"

俄文修订稿收入了 1855 年版和 1858 年版。文章落款为 1850 年 4 月 3 日。赫尔岑在《往事与随想》第五卷中详细讲述了本文写作时的时局。

1 "站在您大门前的不是加蒂兰……"——蒲鲁东语，出自其《3 月 10 日的哲理》一文的结尾，赫尔岑有所改动。蒲鲁东原话为："……在您门前的不是加蒂兰，不是破产，而是——死神。"

2 "过来，来桌边坐下……"——引自歌德的《温和的克塞尼恩》（五），引文不尽准确。

3 "我们活不到迎圣者西缅活到的那个时刻。"——据福音书传说（路加福音，第二章，25 - 32），迎圣者西缅在耶路撒冷的圣殿中接待了新生的基督。

4 "……所多玛和俄摩拉的三个义人……"——据圣经传说，（创世纪，第十九章，1 - 29），除了罗得及其二女，巴勒斯坦城市所多玛和俄摩拉的所有其他居民皆被上帝消灭，以惩罚他们的淫荡生活。

5 "……一个自由的人同一群人类解放者的斗争。"——赫尔岑指的是蒲鲁东与山岳党中共和派分子的论战。论战始于1848年底，1849年变得异常激烈、尖锐。蒲鲁东的《人民》报和德勒克吕兹的《民主与社会革命》报之间的论战还伴有相互的人身侮辱。

6 "……他发表了一系列著名文章，直指总统。总统被这些抨击……于是就把这个罪犯囚禁了——他因为思想与言论被囚禁了。"——1848年12月底——1849年1月，蒲鲁东发表数篇文章抨击路易·拿破仑，文中蒲鲁东呼吁把路易·拿破仑从总统宝座上赶下来，并追求其法律责任。1849年3月20日蒲鲁东因为这些文章被判处三年监禁，但有权会客并参与出版工作。1850年2月5日《人民之声报》上刊登了蒲鲁东批判拿破仑的文章《皇帝万岁！》，随后蒲鲁东在狱中遭到迫害，并被剥夺了发表文章的权利。

7 "……一小群人随着卡贝迁居美洲……"——赫尔岑指的是1849年卡贝试图在北美组织共产主义社区一事。卡贝的想法获得了一小部分工人的支持，这些人随卡贝一起远赴美国。卡贝的"伊加利亚"社区很快就失败了。

8 "……圣马力诺共和国……"——亚平宁半岛的一个袖珍国，形式上是独立的。被视作最古老的共和国。

9 "……斩断虚妄的关系，这些关系不过是由错误的羞耻感、无用的献身精神维持的（正如邦雅曼·贡斯当的《阿尔弗雷德》中所表现的那样）。"——赫尔岑评价的是邦雅曼·贡斯当小说《阿道尔夫》中所表现的阿道尔夫与爱蕾诺尔间的相互关系（《阿道尔夫》被写作《阿尔弗雷德》，系赫尔岑笔误）。

八　瓦尔德加玛斯侯爵多诺佐·科尔特斯和罗马皇帝尤利安

首次是以社论形式用法语发表的,刊登于 1850 年 3 月 18 日《人民之声报》167 期上,签名为"伊斯……尔,神学博士",落款日期为"科恩,1850 年 3 月 10 日",并附有如下备注:"本文出自一位外国作家笔下。我们按照它寄给我们的样子原封不动地刊发出来了。我们希望,读者接受它的方式将敦促作者不要就此作罢。"有充分的依据推测,本文是赫尔岑直接用法文写就的,只是后来才由他本人译成了俄文。赫尔岑能自如运用法语,为法国或全欧读者所作的文章,赫尔岑一般都是用法语写作的。

作者手稿不知所终。文章写于 1850 年 2 月底或 3 月初。1850 年 2 月 25 日,赫尔岑曾将写作此文的打算告知格·赫尔维格。

将该文翻译成俄语的过程中,赫尔岑对之做了相当大的修改和有许多删节。

《多诺佐·科尔特斯……》一文的俄语稿首次刊出于 1855 年版上,少许改动后又在 1858 年版上再次刊出。赫尔岑生前该文还曾用俄语转载在《〈警钟〉与〈北极星〉文选》(伦敦,1864)及《再现集》(日内瓦,1866)。

苏联科学院俄罗斯文学研究所(普希金之家)存有一份《多诺佐·科尔特斯……》的手稿,且被注明为赫尔岑亲笔稿(参阅《手稿部通报》,普希金之家,1850 年第二期,32 页)。事实上这份手稿是不知名人士录自 1855 年版的抄本。

1 "较之圣徒多马,他们更称得上是怀疑论者,他们亲手触摸了伤口,却不相信它。"——据福音书传说,在没有亲手触摸基督的伤

口之前,圣徒多马一直不肯相信他的复活(约翰福音,第二十章,24
－29)。

2 "……都异口同声地对多诺佐·科尔特斯在马德里立法会议
上的演讲欢呼不已。"——1850 年 1 月 30 日,西班牙政治活动家、社
会主义死敌多诺佐·科尔特斯在马德里立法会议上发表了演讲。
演说把天主教的反动原则鼓吹成免遭社会主义之祸的救星,因此受
到了法国所有反动及天主教刊物的热捧。

3 "……梯也尔成了天主教徒……"——赫尔岑指的是梯也尔
为国民教育法案得以实施所提供的支持。该法案即所谓的《法鲁法
案》(法案 1849 年 6 月 18 日提交立法会议,1850 年 3 月 15 日获得
通过)。据此法,法国所有基础教育都落到了神甫和天主教会之手。
梯也尔是法案制定委员会的主席。

4 "……回到南特敕令和西班牙宗教裁判所的祥和时代
……"——南特敕令是由亨利四世在 1598 年颁布的,自此结束了法
国的宗教战争时期。赫尔岑所谓"南特敕令的祥和时代"是讽刺之
语,因为新教徒由此仅得到了有限的自由。

5 "……梅斯特谈论教皇时都没忘了他们。"——参阅《1849 年
闭幕词》一章注释 13。

6 "……屠杀亚尔毕教派……"——赫尔岑指的是亚尔毕教派
遭受过的残酷屠杀,亚尔毕教派是 12、13 世纪法国南部的异端教
派,教皇英诺森三世曾发起组织十字军专门征讨,屠杀就是征讨期
间发生的。

7 "……我们比较一下博沙尔和小普林尼的报告吧,气度宽宏
的皇帝图拉真憎恶针对基督徒的告密行为,铁面无私的皇帝卡芬雅
克……"——赫尔岑所谓"博沙尔的检举书",指的是巴黎 5 月 15 日
游行示威及六月事件侦讯委员会的报告,该报告是由该委员会成员

博沙尔在立宪会议上宣读的。报告充斥着对革命者、社会主义者以及民主派的无比憎恨,赫尔岑曾在《意法书简》中评述过博沙尔的报告(第十封信),并说这其实就是"有罪判决书"。赫尔岑将博沙尔的报告与古罗马作家、历史学家小普林尼呈交皇帝图拉真的"检举书"做了对比,小普林尼当时是图拉真派驻小亚细亚地区比西尼亚和潘图斯省的总督,在给图拉真的一封信中,普林尼问,在与基督教徒的斗争中他应该采取何种政策,复信中,图拉真承认必须惩罚加入基督教的行为,但同时指出,"匿名的检举在任何法庭指控中都不应有任何意义"。谈到图拉真"憎恶针对基督徒的告密行为"时,赫尔岑所指的就是这个史实,这也是赫尔岑把图拉真的政策与卡芬雅克的残暴进行对照的理由。

8 "你赢了,加利利人!"——这句感叹是基督教辩护士们强加给与基督教作对的背教者尤利安的。

9 "《人民之声》,1850 年 3 月 18 日"——1855 年版和 1858 年版的文本上均注明了报纸期号,落款日期是 3 月 15 日。这是赫尔岑搞错了:《多诺佐·科尔特斯……》一文发表在《人民之声报》上的时间是 1850 年 3 月 18 日。

10 "……普瓦提埃街协会……"——即"普瓦提埃街委员会",是 1848—1849 年间所谓"秩序党"的大本营。"秩序党"是由拥护君主制的正统派、奥尔良派和波拿巴派,以及部分极端反动的资产阶级共和派联手组成的。

其他版本

致我的儿子亚历山大

据作者法文手稿刊出(十月革命与社会主义建设国家中央档案

馆)。

ADDIO!

据尼·赫·凯切尔抄录稿刊出(列宁国家图书馆手稿部)。

暴风雨之前

据尼·赫·凯切尔抄录稿刊出(国家历史博物馆)。

暴风雨之后

据经作者本人认可的玛·卡·艾伦(雷赫尔)抄录稿刊出(列宁国家图书馆手稿部)。

1 "我从伤痛的心里将她取出……"——引自席勒《Resignation》(《放弃》)一诗。

译 名 对 照

Аввакум，протопоп，阿瓦库姆（1620 或 1621—1682），大司祭

Августин Блаженный，圣奥古斯丁（354—430），基督教神学家

Авель，亚伯，圣经人物

Агриппина Младшая，小阿格利皮娜（16—59），尼禄之母

Адам，亚当，圣经人物

Александр Македонский，马其顿亚历山大大帝（公元前 356—323）

Александр I，亚历山大一世（1777—1825）

Александра Федоровна，亚历山德拉·费奥多罗夫娜（1798—1860），尼古拉一世之妻

Анаксагор，阿纳克萨戈拉（约公元前 500—公元前 428），伊奥尼亚学派哲学家

Аннибал，安尼拔，参阅汉尼拔

Аракчеев Алексей Андреевич，阿拉克切耶夫·阿列克谢·安德烈耶维奇（1769—1834）

Аристотель（Стагирит），亚里士多德（斯塔基尔）（公元前 384—322）

— «Метафизика»《形而上学》

Аффр（Affre）Дени Огюст，阿弗尔·德尼·奥古斯特（1793—

1848），巴黎大主教

Байрон Джордж Ноэл Гордон（1788—1824），乔治·戈登·拜伦

——«Тьма»，《黑暗》

——«Абидосская невеста»，《阿比多斯的新娘》

Барбес Арман，巴贝斯·阿尔曼（1809—1870）

Барро Одилон，巴罗·奥迪隆（1791—1873）

Бедо Мари Альфонс，贝多·马利·阿尔丰斯（1804—1863）

Беранже Пьер Жан，皮埃尔–让·贝朗瑞（1780—1857）

——«самоубийцы»《自杀者》

Бетховен Людвиг ван，路德维希·凡·贝多芬（1770—1827）

Блан Луи，路易·勃朗（1881—1882）

Бланки Огюст，奥古斯特·布朗基（1805—1881）

Блюм（Блум）Роберт，罗伯特·布鲁姆（1807—1848），1848 年革命期间萨克森民主派领袖。

Богоприимец Симеон，迎圣者西缅，圣经人物

Бомарше Пьер Огюстен Карон，皮埃尔·奥古斯丁·卡隆·博马舍（1732—1799）

Бонапарт，波拿巴

Борджа Лукреция，博尔吉亚·卢克雷齐娅（1480—1519）

Борджа Родриго，博尔吉亚·罗德里戈（1431—1503），1492 年起为罗马教皇，称亚历山大

Бошар Александр Кентен，亚历山大·肯顿·伯沙尔（1809—1887）

Бэкон Франсис，лорд Веруламский，弗兰西斯·培根，维鲁兰男爵（1561—1626）

Каин, 该隐

Калибан 凯列班（莎士比亚剧作《暴风雨》中的人物）

Калигула Гай Цезарь, 卡利古拉·盖伊·恺撒（12—41）

Кальвин Жан, 让·加尔文（1509—1564）

Кант Иммануил, 伊曼努尔·康德（1724—1804）

Капп Фридрих, 弗里德利希·卡普（1824—1884）

Карамзин Николай Михайлович, 尼古拉·米哈伊洛维奇·卡拉姆津（1766—1826）

——«Мелодор к Филалету», 《梅洛多尔致菲拉列特》

Карл Альберт, 卡尔·阿尔伯特（1798—1849）

Карл X , 卡尔十世（1757—1836）

Катилина Луций Сергий, 卢西·谢尔吉·加蒂兰（公元前108—62）

Клеопатра, 克娄巴特拉（公元前69—30）

Клоотс（Клоц）Анахарсис（Настоящиее имя Жан Батист）, 阿纳哈西斯·克罗茨（原名：让·巴蒂斯特）（1755—1794）

Колумб Христофор, 克里斯托弗·哥伦布（1451—1506）

Консидерон Виктор, 维克多·孔西德朗（1808—1893）

Констан Бенжамен, 本杰明·贡斯当（1767—1830）

—«Адольф», 《阿道尔夫》

Константин 康斯坦丁（约274—337）

«Конститюсионель», 《立宪报》

Кортес Эрнан（Фернандо）, 埃尔南·科尔特斯（费尔南多）（1485—1547）

Коссидьер Марк, 马尔克·科西迪耶尔（1809—1861）

Кромвель Оливер, 奥利弗·克伦威尔（1599—1658）

Кузен（Кузень）Виктор, 维克多·库辛（1792—1867）

Курбский Андрей Михайлович, 安德烈·米哈伊洛维奇·库尔布斯基(1528—1583)

Лагранж Шарль, 夏尔·拉格朗日（1804—1857）

Лазарь, 拉撒路

Ламартин Альфонс, 阿尔丰斯·拉马丁（1790—1869）

Ламбаль Мария Тереза, 玛丽·泰勒萨·朗巴尔（1749—1792）

Ламенне Фелисите Робер, 菲利西特·罗伯特·拉梅内（1782—1854）

Лафайет Жозеф Поль, 约塞夫·保尔·拉法耶特（1757—1834）

Лафонтен Жан де 让·德·拉封丹(1621—1695)

— «Дунайский мужик», 《多瑙河畔的农夫》

Левассер Тереза, 列瓦瑟·泰勒萨（1721—1801）

Ледрю-Роллен Александр Огюст, 亚历山大·奥古斯特·赖德律－洛兰（1808—1874）

Леру Пьер, 皮埃尔·勒鲁(1797—1871)

Лессинг Готгольд Эфраим, 戈特霍尔德·埃弗莱姆·莱辛（1729—1781）

Лойола Игнатий, 伊格纳基·罗耀拉(1491—1556)

Луи Филипп（Людовик Филипп）, 路易·菲利普（1773—1850）

Лукан Марк Анней, 马库斯·阿奈乌斯·卢卡努斯(39—65)

Лукреций Кар 卡鲁斯·卢克莱修(约公元前99—55)

— «О природе вещей», 《物性论》

Людовик XVI, 路易十六（1754—1793）

Лютер Мартин 马丁·路德（1483—1546）

Люцифер（Луцифер），路西菲尔

Магдалина, 抹大拉的玛丽亚

Мальтус（Мальтюс）Томас Роберт, 托马斯·罗伯特·马尔萨斯（1766—1834）

— «Опыт о законе народонаселения», 《人口学原理》

Марат Жан Поль, 让·保尔·马拉（1743—1793）

Марий Гай, 马略·盖伊（公元前156—86）

Маррает Арман, 阿尔曼·马拉斯特（1801—1852）

Марс, 玛尔斯

«Марсельеза», 《马赛曲》

Маццини Джузеппе, 朱塞佩·马志尼（1805—1872）

Местр Жозеф де, 约塞夫·德·梅斯特（1753—1821）

— «Папа», 《论教皇》

Меттерних Клеменс, 克列门斯·梅特涅（1773—1859）

Микеланджело Буонарроти, 波纳罗蒂·米开朗基罗（1475—1564）

Мирабо Оноре Габриель, 奥诺雷·加布里埃尔·米拉波（1749—1791）

Мишле Жюль, 儒勒·米什莱（1798—1874）

— «Демократические легенды», 《民主传说》

Молох, 莫洛赫

Монталамбер Шарль, 夏尔·蒙塔朗贝尔（1810—1870）

Монтион Антуан, 蒙第庸（1733—1820）

Наполеон I Бонапарт, 拿破仑一世, 波拿巴（1769—1821）

（1766—1858）

Распайль（Распаль）Франсуа Венсан, 弗朗索瓦·万桑·拉斯拜尔（1794—1878）

Рафаэль, 拉斐尔（1483—1520）

Рашель Элиза, 艾丽莎·拉舍尔（1821—1858）

«Реформа», 《改革报》

Рея, 瑞亚

Риенци（Риенцо）Кола ди, 科拉·迪·里恩济（里恩佐）（1313—1354）

Робеспьер Максимилиан Мари Исидор, 马克西米利安·马利·伊西多·罗伯斯庇尔（1758—1794）

Ротшильды, 罗特希尔德家族

Руссо Жан Жак, 让·雅克·卢梭（1712—1778）

—«Общественный договор», 《社会契约论》

Савонарола Джироламо, 基罗拉莫·萨弗纳罗拉（1452—1498）

Сатурн, 萨图恩

Сведенборг Эммануэль, 伊曼努尔·斯威登堡（1688—1772）

Сенар Антуан Мари, 塞纳尔·安托尼·马里（1800—1885）

Сенека Люций Анеей, 卢齐乌斯·安奈乌斯·塞内加（约公元前4—公元65）

Сен-Жюст Луи Антуан, 路易·安托万·圣鞠斯特（1767—1794）

Сервантес Мигель де Сааведра, 米格尔·德·塞万提斯·萨维德拉（1547—1616）

— «Хитроумный гидальго Дон Кихот Ламанчский», 《堂吉诃

德》

—Дон Кихот,堂吉诃德

—Санчо – Панса,桑丘·潘沙

Сизиф,西西弗斯

Симеон Столпник,柱塔僧西蒙（356—459）

Сократ,苏格拉底

Софокл,索福克勒斯

—Эдип,俄狄浦斯

Спиноза Барух（Бенедикт）,巴鲁赫（本尼迪克特）·斯宾诺莎（1632—1677）

Тацит Корнелий,科尔涅利乌斯·塔西陀（约54—约117）

Тертуллиан Квинт Септимий Флоренс 德尔图良（约160—约222）

— «Аполлогетик»,《护教辞》

Торе Теофиль,特奥菲尔·托列（1807—1869）,法国政论家,艺术批评家,共和派人士

Траян,图拉真（53—117）

Тьер Луи Адольф,路易·阿道尔夫·梯也尔（1797—1877）

Улисс,尤利西斯

Фальмерайер Якоб Филипп,雅可布·菲利普·法里梅列耶尔（1790—1861）

Фейербах Людвиг,路德维希·费尔巴哈（1804—1872）

Фемида,忒弥斯

Фихте Иоганн Готлиб,约翰·哥特里布·费希特（1762—1814）

Фома,福马

Фребель Юлиус, 尤利乌斯·福禄贝尔 (1805—1893)

Фридрих II, 弗里德里希二世

Фридрих Вильгельм IV, 弗里德里希·威廉四世 (1795—1861)

Фукье - Тенвиль Антуан, 安托万·富基埃·坦维尔 (1746—1795)

Харон, 卡隆

Христос Иисус (Галилеянин), 耶稣基督 (加利利人)

Цезарь Гай Юлий, 盖乌斯·尤利乌斯·恺撒 (公元前 100—44)

Цицерон Марк Туллий, 马库斯·图里乌斯·西塞罗 (公元前 106—43)

Шатобриан Франсуа Огюст Рене, 弗朗索瓦·奥古斯特·勒内·夏多布里昂 (1768—1848)

Шведенборг, 见 Сведенборг

Шекспир Вильям, 威廉·莎士比亚 (1564—1616)

— «Буря», 《暴风雨》

—Гамлет, 哈姆莱特

—Фортинбрас, 福丁布拉斯

— «Кориолан», Кориолан, 《科里奥兰纳斯》, 科里奥兰纳斯

— «Король Лир», Король Лир, Реган, 《李尔王》, 李尔王, 里甘

—Макбет, 麦克白

Шиллер Иоганн Фридрих, 约翰·弗里德利希·席勒 (1759—1805)

— «Дева с чужбины», 《异国女郎》

— «Рыцарь Тогенбург», 《托根堡骑士》

Эзоп，伊索（约公元前 620—560）

Юлиан Отступник，叛教者尤利安（331—363）

Юм Давид，大卫·休谟（1711—1776）

Юпитер（Зевс），朱庇特（宙斯）

Якоби Иоганн，约翰·雅科比（1805—1877）

«Друг народа»，《人民之友报》

«Национальная Ассамблея»，《国民议会报》

«Немецкий ежемесяный журнал по вопросам политики，
науки，искусства и жизни»，《德国政治、科学、艺术与生活月刊》

«Народ»，《人民报》

«Голос народа»，《人民之声报》

译 后 记

八年前本书正文就译完了，然后，除了偶尔修改外，译稿基本就一直躺在电脑里，直到今年年初。一直没有拿出来，原因很多。比如，琐事多，精力被分散了，缺经费，这些都是真的；还有疏懒，这也是真的。另一个不得不提的原因，就是不自信。翻译本书，初衷是为了练笔，为了借作者广阔的视野、深刻的观察和思考从另一个角度走近欧洲文明，弥补个人的狭隘、混乱等种种不足。总之，自己觉得译稿还是习作的水平，让一部经典的首个中文译本如此问世，心有不安。现在还是决定呈交读者，愚者千虑，或有一得，译笔虽说生涩，也并非全无可读之处。更主要的是，著作本身的内容很值得一观，于有缘的青年读者更有助益。列夫·托尔斯泰视赫尔岑的作品为解毒剂，译者深有同感。此处仅分享两点个人陋见。

其一，本书可谓赫尔岑浴火重生之作。其中，赫尔岑的怀疑思想发展到了最高阶段，并为其终生奋斗的理想提供了一个意想不到的新支点。这是一个紧张、痛苦的过程，矛盾重重，然而这也是一个思辨与激情完美结合的过程，其结果，借用以赛亚·伯林的评语，是作者为我们留下了一部"伟大的辩难杰作"。

其二，作为思想家，赫尔岑的特点是从不囿于抽象的理论本身，他关注的是作为一种历史力量的观念及其具体作用形式。赫尔岑总是在个人和群体的行为中，在社会生活的组织和结构形式中，在历史斗争的舞台上观察观念的发生、发展及衰亡过程，辨明其种种变异。赫尔岑始终保持着这种强烈的历史感、现实感，是以既不为激愤所控，也不为理论所缚，在观念世界与历史世界纵横捭阖，举重若轻。

本书根据苏联科学院出版社赫尔岑30卷文集第6卷（1955）译出。原书中有不少法文、德文、拉丁文及意大利文词汇、引文，为了方便读者阅读基本都直接译成中文了，在脚注或"原编者注"中注明了原文语种。另外还添加了一些史实性脚注。上述情况均标明有"译注"字样。无此说明的脚注为原书注释的译文。另外，也翻译了原书编委所作的尾注，根据本书单行本的实际情况有所增删，供读者参考。

法文、德文及意大利文词句的翻译得到了中国传媒大学外国语学院盖莲香、徐海燕、张世佶、刘晓、郭彬彬等老师的热情帮助和指点，这里表示衷心的感谢。

感谢中国传媒大学外国语学院和学科办领导对本书出版给予的支持。感谢黑龙江人民出版社张晔明先生的支持和辛苦努力。

凡保轩
2015 年 5 月